CIENCIA EN COMÚN

Antonio Lafuente
CIENCIA EN COMÚN

UNA APUESTA POR LA
PARTICIPACIÓN CIUDADANA

© Antonio Lafuente, 2026
De la corrección: Andreu Sitjà

Derechos reservados para todas las ediciones en castellano

© Ned ediciones, 2026

Primera edición: mayo, 2026

Preimpresión: Fotocomposición gama, sl

ISBN: 979-13-87967-03-1
Depósito legal: B 6749-2026

Impreso en Podiprint

Impreso en España
Printed in Spain

Ned Ediciones
www.nedediciones.com

ÍNDICE

Introducción: Amateurs, activistas y *hackers* en ciencia

Hoy en día, abunda la literatura que nos explica lo mucho que la gente le debe a la ciencia. Y es verdad que, miremos donde miremos, toda nuestra vida está repleta de artefactos, palabras o prácticas nacidas en un laboratorio. No es menos cierto, sin embargo, que la ecuación podríamos haberla escrito en sentido inverso y preguntarnos también por lo mucho que los científicos le deben a la gente. ¿Tiene la ciencia una deuda con la ciudadanía? ¿Necesitamos también un momento para conjugar la relación ciencia-sociedad en una dirección menos obvia?

En este sentido, lo primero que hay que contar es que siempre ha habido mucha gente interesada en el conocimiento. La mayoría se siente atraída por lo distinto, lo extraordinario y lo maravilloso. Toda esa gente sigue siendo el gigantesco soporte que sostiene los miles de museos, jardines y espacios naturales esparcidos por todos los rincones del planeta. Son los espectadores que acuden en masa a las Exposiciones Universales, leen *National Geographic* o son fanáticos de la ciencia ficción, la cadena *Discovery* o las conferencias TED. En efecto, estamos hablando de un mercado que no ha dejado de crecer y que ofrece una suculenta oferta de productos que compiten en la llamada economía de la atención.[1] En China ya se ha dado un paso más en esta dirección y se habla de la ciencia como si fuese una

---

1. Raichvarg y Jacques, 1991; Bensaude-Vincent, 2000; Broks, 2006.

industria estratégica que debe ser protegida, incentivada y regulada.[2] De esta manera, hemos transitado desde considerar la llamada vulgarización de la ciencia como una tarea cuyo objetivo era dotar al humanismo de una componente científica, a un nuevo modelo que la trata como un sector de la economía nacional, como se hace con el deporte, las fiestas populares o la producción de contenidos en las redes sociales, y que mira a los usuarios como clientes.

Los orígenes de esta manera de relacionarse con la ciencia son relativamente modernos y datan del siglo XVIII, cuando proliferaron los lectores de libros de viaje y los interesados por la literatura que combatía las supersticiones. Muchos de ellos eran seguidores de Feijoo y Buffon que se habían sentido atraídos por los ascensos en globo y las sesiones de experimentos públicos hechos con la luz, el vacío o la electricidad. Todos ellos fueron los primeros devotos de ese nuevo actor histórico que son los hechos: cosas probadas que pueden sobrevivir al margen de quien las crea, del lugar donde se producen y de los testigos que las certifican. Los espectadores, sin saberlo, fueron convertidos en testigos cuyo testimonio alumbró el nuevo mundo de los estados liberales.

Y es que la conversión de los espectadores en testigos no es un asunto menor. Lograrlo implica muchas cosas a cuya inteligencia se ha dedicado un libro ejemplar y del que nunca se podrá exagerar su importancia. Shapin y Schaffer explicaron varias décadas atrás que la citada metamorfosis requirió encontrar nuevos espacios que atrajeran la presencia de curiosos, lenguajes cercanos con los que poder identificarse y que no espantaran a los asistentes, retóricas ocurrentes que fomentaran en el espectador la ilusión de que su punto de vista importaba, así como ambientes que convencieran a los asistentes de que eran la pieza clave de todo cuanto allí pudiera ocurrir. En definitiva, todo consistía en crear un nuevo tipo de pú-

---

2. Ren, Zhang y Liu, 2021.

blico echando mano de las prácticas exitosas del teatro y la magia. Como puede apreciarse, los científicos de antaño operaban como mediadores, gente de modesta apariencia y pretensiones ilimitadas que se limitaba supuestamente a facilitar un espectáculo jovial.

En efecto, los amateurs —tanto los científicos que ofrecían el espectáculo como el público que asistía a presenciarlo— fueron el eslabón perdido que ayuda a entender cómo un puñado de filósofos experimentales censurados lograron en 100 años convencernos de la importancia de los hechos, la necesidad de la crítica y la urgencia del futuro. Cuesta admitirlo, porque, si fueron tan importantes, deberíamos saber más sobre su agencia. Pero los amateurs, como las mujeres, son parte del largo séquito de perdedores de la historia: son actores imprescindibles, pero invisibilizados. Todavía necesitaremos décadas para encontrarlos en los archivos, reconocer su mérito y pagar nuestra deuda.

Los consumidores, por otro lado, crean un mercado, pero también un mundo plagado a la vez de expectativas, deseos[3] y pesadillas. Por ejemplo, el Dr. Frankenstein representa la primera vez que el mundo de la novela se asombra y nos advierte del inmenso poder acumulado por los científicos y de cómo podrían usar sus conocimientos para diseñar experimentos fatales para la sociedad. Gentes movidas por pasiones secretas, ambiciones desmedidas o crueles distopías que deberían estar bajo vigilancia. A finales del siglo XIX, para neutralizar este peligro, aparecieron los beatos, es decir, los activistas: personas decididas a combatir los excesos de la ciencia y a denunciar sus abusos. Además, reclamaban la protección de algunos espacios naturales que ellos percibían como sagrados, a la vez modelo de belleza, económico y de convivialidad y de los que había mucho que aprender.[4]

3. Callon y Muniesa, 2005.
4. Wilke, 2005; Turner, 1996.

Por entonces, la ciencia ayudaba a entender que esos equilibrios que sostenían el entorno eran precarios y debían ser cuidados. En consecuencia, no es de extrañar que esos fueran los años de emergencia del feminismo, el ambientalismo o el obrerismo. Los activistas habían llegado para quedarse y hoy les seguimos debiendo que nos enseñaran a ver el mundo de una manera menos desigual, descarnada e ignorante. Ellos nos invitaron a hacernos otras preguntas y nos forzaron a encontrar distintas respuestas. No solo fueron agentes políticos discutidos y decisivos, sino que también fueron agentes cognitivos capaces de crear preguntas, modos de organización y formas de comunicación tan novedosas como eficientes.[5]

Sin embargo, el activismo científico adquirió toda su fuerza tras la destrucción de Hiroshima y Nagasaki. Algunos científicos se movilizaron para impedir los bombardeos y muchos denunciaron posteriormente la complicidad de la ciencia con el poder, la destrucción y la muerte. Para muchos físicos fue difícil seguir siendo cómplices de la promesa ilustrada de que la ciencia iba a traernos un mundo mejor. Y es que había quedado patente que esta tenía un doble rostro: podía cobijar lo peor y lo mejor del ser humano. Fue por este motivo que los movimientos antinucleares precedieron a otras muchas movilizaciones convergentes en la idea de que otro mundo era posible, y fueron contrarias a la manipulación genética, la experimentación animal o la destrucción del medioambiente, por no citar las más recientes luchas por el clima, la energía o la privacidad. Por el camino quedaron miles de pequeñas luchas en defensa de nuestras aguas, nuestras plazas o nuestras hortalizas, amenazadas por vertidos tóxicos, especulaciones inmobiliarias y agresiones a la biodiversidad.[6] Pronto no quedará bosque, semilla, barrio, tribu, especie o enfermedad que no cuente con un colectivo

5. Rodríguez-Giralt, Marrero-Guillamón y Milstein, 2018.
6. Bensaude-Vincent, 2014.

dispuesto a movilizarse para hacernos entender que necesitamos cambiar de actitud, de política y de modo de vida.

El ejemplo de Rachel Carson

No cabe duda de que la salud ha sido un campo particularmente fértil en movilizaciones y luchas sociales que han logrado ampliar el horizonte de nuestros derechos. Muestra de ello es el libro *Silent Spring*, escrito en 1962 por Rachel Carson, donde la autora nos cuenta cómo se desvaneció la esperanza de una revolución verde basada en el uso del dicloro difenil tricloroetano (DDT). Lo que impresiona de este caso es la violencia con la que reaccionaron las corporaciones implicadas y los silencios cómplices de los gobiernos y de gran parte de la comunidad académica. La química, sin duda, siempre ha cargado con la mayor responsabilidad cuando hablamos de saberes en el ojo del huracán y prácticas tecnocientíficas contrarias al bien común. Otra publicación impactante fue el libro *Our Stolen Future,* escrito por Theo Colborn y prologado por el vicepresidente Al Gore, que denunciaba el impacto del uso masivo de sustancias químicas, como el bisfenol, sobre nuestro sistema endocrino y confirmaba que los discursos buenistas y las meras declaraciones de principios no serían suficientes[7] para cambiar el rumbo de las cosas. Los portavoces del *lobby* que agrupaba a las grandes corporaciones químicas calificaron los trabajos de Colborn de *junk science* (ciencia basura) e hicieron todo lo posible por arruinar su reputación científica.[8]

Seríamos muy injustos, sin embargo, si no mencionáramos las muchas dudas que siempre suscitó el despliegue de la industria nu-

7. Bensaude-Vincent, 2014.
8. Hass y Kleine, 2008.

clear.[9] Décadas después de las crisis del DDT o del bisfenol, parece que aún no hemos aprendido nada y el desastre de Fukushima lo confirmó por sus malas praxis: decretar el silencio de los datos y escamotear el derecho a saber. Fueron los *hackers* de Tokio y sus aliados norteamericanos quienes pusieron a disposición de la ciudadanía contadores Geiger de bajo coste que, tras medir la radiactividad, mostraron otras cartografías que probaban la gravedad de la situación.

Después de la pandemia de COVID-19, sería injusto continuar este ensayo sin mencionar el SIDA. Esta epidemia de alcance global activó todos los prejuicios que anidan en la creencia de que ser diferente es una amenaza. Lo que comenzó siendo un diagnóstico que operaba como una sentencia de muerte, acabó siendo el germen de una movilización que alteró para siempre las relaciones médico-enfermo y forzó políticas de inversión en ciencia que de otro modo nunca habríamos tenido. Todos, sin excepción, tenemos una deuda con los enfermos del SIDA, que algún día habrá que reconocer sin paliativos.[10] Y es que su contribución a la investigación fue decisiva y debería llenarnos de orgullo, de la misma manera que hoy recordamos a los mártires de Chicago de 1886, la Declaración de Seneca Falls de 1848 o el gesto de Rosa Parks el 1 de diciembre de 1955. Así como reconocemos las movilizaciones en favor de la jornada de ocho horas, el voto de la mujer o el derecho a un espacio público no racializado, también necesitamos un día que nos ayude a reflexionar sobre el papel que los ciudadanos han tenido en la modificación de la relación entre expertos y legos. Y ese día llegará, no solo porque es un asunto de justicia, sino también porque nuestro mundo tiene urgencia en construir respuestas que involucren a la ciudadanía o, en otras palabras, que incluyan los saberes especializados y los experienciales, los que nacen en el laboratorio y los que se asientan en la experiencia.

9. Topçu, 2008.
10. Epstein, 1995.

Mencionar el VIH como un monumento civilizatorio es extraño y, a la vez, hermoso. Pero hay más ejemplos. Los casos de *Love Canal*, Erin Brockovich o el llamado Síndrome de la Guerra del Golfo, por solo citar tres, nos recuerdan las muchas veces que los afectados por vertidos tóxicos han tenido que movilizarse para que se les haga justicia. Nos enseñan también que las grandes corporaciones, como hicieron en el caso del tabaco y hacen ahora con la emergencia climática o el espionaje generalizado, tratarán por todos los medios de sembrar confusión, retrasar las medidas regulatorias y confundir a la opinión pública.[11] Quienes han estudiado estos procesos hablan de producción de incertidumbre, una práctica que consiste en financiar investigaciones cuya finalidad es trasladar hasta los jueces y la opinión pública la idea de que los activistas se precipitan, concluyen sin evidencias definitivas y que, de hacerles caso, condenarían el país a la desindustrialización y la decadencia. En el mejor de los casos acusan a los concernidos de ingenuos, bienintencionados y entusiastas, pero con frecuencia les llaman pijos, ilusos o subversivos. La idea es expulsarlos del espacio público y tratarlos como enemigos.

En este sentido, Isabelle Stengers nos ha enseñado a ver cómo la ciencia que se desarrolló en el siglo XIX fue una ciencia secuestrada por la epistemología. Una ciencia asociada a la idea de progreso y obligada por las industrias químicas a diseñar protocolos que permitieran la producción masiva, la estandarización de los procesos, la purificación de los ingredientes y, en definitiva, la movilización de la ciencia y la aceleración del conocimiento, algo que alejaba a los científicos de sus anteriores prácticas artesanales y a sus instituciones de su parte más mundana.[12] Esto demuestra que hay mucha gente que está en el mundo de la ciencia por amor o, con otras pa-

---

11. Alaimo, 2010.
12. Stengers, 2011.

labras, por solidaridad, altruismo y compromiso. Personas que tratan de estar informadas y que no se mueven por dinero, hacer carrera o alcanzar la fama. Por supuesto que no hablamos de una concepción romántica, personal e íntima del amor, sino que nos referimos a esa potencia que nos mueve hacia lo colectivo, lo compartido y lo justo.[13]

Por ejemplo, cuando Platón convocó a sus contertulios habituales a un encuentro sobre el amor, Sócrates pidió ser sustituido en esa charla por Diotima, su maestra en el amor. Y acertó, pues seguimos fascinados por su manera de contarlo. Explicó Diotima, la única mujer en aquellos coloquios platónicos, que el amor era un encuentro de diferentes para producir nuevas diferencias.[14] Spinoza, impactado por tanta lucidez, acabó definiendo el amor como un evento ontológico, un proceso capaz de producir nuevas subjetividades o, dicho con palabras menos severas, una potencia capaz de cambiar la forma en la que nos relacionamos y de darle una oportunidad a la idea de que las cosas puedan ser de otro modo. El amor es capaz de abrir los posibles y por esta razón es imprescindible. No es baladí que, como dice Negri, el desdén de la izquierda por el amor sea la causa del desplome de su popularidad.[15]

Un texto introductorio no aspira a cerrar ningún asunto. Le basta con imaginar que ha logrado abrir una conversación. Hay muchos más casos que podríamos haber mencionado. Ojalá ustedes confíen en mí y acepten que sobran las razones para probar la existencia de fuertes vínculos entre ciencia y sociedad. En este sentido, la deuda que la ciencia tiene con la ciudadanía es inmensa, debido a la contribución que la ciudadanía ha hecho en su desarrollo, y es urgente que lo reconozcamos.

13. Hess, 2007; Lafuente, 2012.
14. Garrison, 1997.
15. York, 2021; Çıdam, 2013; Wilkinson, 2014.

Decía Michel Serres que la ciencia es el único proyecto decente que le queda a Occidente.[16] Quizás Serres solo valoró una de las vías en las que se produce el conocimiento; quizás estaba exagerando el papel de Occidente, siempre visto como algo que pertenece a los ricos, a los listos y a los blancos; o quizás, escandalizado por Hiroshima y emocionado por Médicos sin Fronteras, quería ser optimista. Tal vez no prestara atención suficiente a la emergencia de esta Segunda Ilustración que propiciaría un Nuevo Pacto Social por la Ciencia y que acercaría a científicos y ciudadanos, todos ellos cautelosos ante el poder de las corporaciones y vigilantes de los excesos del poder público.[17] El Nuevo Pacto no consistiría en obtener apoyo público a cambio de conocimientos basados en evidencias, sino de una voluntad de diseñar en común el mundo por venir. Quienes han sido invitados a pensar los modos de transferir conocimientos desde la academia a su entorno, tanto si es empresarial como si su identidad es más ciudadana o pública, tienen todo el derecho a imaginar que la noción de transferencia de conocimiento puede ser reemplazada por la de coproducción.

En consecuencia, este libro quiere aportar argumentos suficientes como para que la idea de que el mundo debe ser coproducido deje de parecer disparatada y pueda convertirse en una realidad. Y para ello se ha estructurado en torno a cuatro temas fundamentales: la ciencia amateur (tratada en el capítulo 1), la ciencia militante (capítulo 2), la ciencia informal (capítulo 3) y la ciencia colateral (capítulo 4). Cada una de ellas quiere hacer visible la importancia de distintos actores en ciencia que han sido excluidos del relato histórico de la ciencia con el objetivo de recuperar la dignidad de la que se les ha privado.

16. Serres, 1992.
17. Lafuente, 2020.

Modos alternativos de estar en ciencia

Como el lector verá a continuación, el primer capítulo quiere explorar la deuda que la ciencia tiene con los amateurs, porque ellos comenzaron a desplazar el centro de gravedad del relato desde la condición de espectadores a la de testigos y, por lo tanto, se les asigna un rol productivo, pues sin su presencia sería muy difícil explicar el rápido despliegue de la ciencia como una cultura capaz de penetrar los imaginarios más diversos: desde el mundo rural al industrial y desde los salones a los cuarteles, sin olvidar la rápida expansión por nuestras urbes de hospitales, jardines o museos. Sin embargo, este libro no se limita a mirarlos como cómplices de la modernidad, pues conforme avanza el tiempo, los vamos a reencontrar como productores de conocimiento, aunque siempre bajo el suspicaz rótulo de productores de contenidos. No es poco, pues lo comparten con periodistas, cómicos y, en general, con muchas de las personas etiquetadas como creativas.

El segundo capítulo está destinado a narrar algunos desencuentros entre expertos y ciudadanos que nos muestran que no siempre fue fácil la relación ciencia-sociedad. Nunca hemos intentado ser exhaustivos, ni abrumar al lector con una casuística incuestionable. Las últimas décadas del siglo XX y primeras del XXI están repletas de situaciones que dejan claro que los académicos no siempre tomaron partido por el bien común y que son muchos los casos en los que se inclinaron a favor de las corporaciones industriales. A veces, lo hicieron de uno modo tan descarado, ordinario y orgánico que no faltan autores que nos hablan de la emergencia de una naturaleza neoliberal o, dicho con otras palabras, una ciencia que solo considera abordable lo que pueda ser aprovechado por las grandes corporaciones o no ponga en riesgo sus líneas de negocios. A través de sus páginas se quiere poner en valor la contribución de criollos, proletarios, campesinos o feministas al desarrollo de una ciencia más atenta a lo local y más comprometida con los derechos humanos, y el capítulo resume algunos episodios que nos han enseñado a ver lo importante que ha sido la resistencia que desde la ciudadanía se ha planteado al despliegue de ciertos modos de hacer ciencia y que han logrado abrir una conversación necesaria sobre los límites de la investigación científica y sobre los peligros que pueden surgir cuando el vínculo entre la academia y la industria no es transparente.

Las líneas que dedicamos en el tercer capítulo a la llamada ciencia informal quieren poner en valor muchas formas de producir conocimiento que se han realizado extramuros de la academia. El ejemplo más destacado son los *hackers* que, justo es decirlo, no deben ser confundidos con los *crackers*, pues mientras los primeros han combatido la deriva de las instituciones científicas hacia la privatización del conocimiento, los segundos solo son delincuentes que vulneran las leyes de la propiedad intelectual para enriquecerse.

En realidad, usamos la expresión *hackear* algo siempre que logramos imaginar otro modo de usar las tecnologías distinto al imaginado por sus diseñadores y, en consecuencia, no es un asunto de ingenieros, sino también de las amas de casa, las personas discapacitadas o las amigas del cacharreo y las prácticas *makers*. En el capítulo también hemos descrito prácticas procedentes de los mundos de lo empresarial, lo rural o lo urbano, puesto que todas ellas tienen en común que hicieron cosas que parecían imposibles y fueron exitosas, ya sea por ensanchar el espacio público, ya sea por producir beneficios económicos de forma inesperada.

En el cuarto capítulo, en el que hablo de ciencia colateral, he agrupado numerosas experiencias que han utilizado como fuente de conocimiento el material más abundante y despreciado del mundo: la basura o, dicho con otras palabras, todo eso que nuestras instituciones consideran sin valor y debe ser desdeñado. Nos referimos a lo experiencial, lo local, lo tácito o lo situado. A un conocimiento, en suma, que nunca encontraremos en un libro por no poder ser codificado y que solo está en los cuerpos. De este modo, he narrado procesos de producción de conocimiento gestionados por gente sin títulos y sin crédito, es decir, sin credibilidad. También hemos dado la palabra a gentes acostumbradas a ser calladas y que tenían mucho que decir, como lo certifica la abundante literatura científica que ha estudiado esos casos y corroborado su buen hacer.

Como se podrá intuir, este libro pretende tratar cosas muy serias y en todos los casos he querido hacerlo con el mayor respeto a todas las personas que intervienen en cada uno de ellos. El libro no es un manifiesto en contra de nada, sino un texto siempre proclive a recomendar el encuentro entre los que saben (los expertos) y los que no saben (los legos). El libro ofrece argumentos para sostener que hay asuntos en los que este encuentro, siempre postergado, se hace tan necesario como prometedor. Nunca se desprecia el saber experto. Al contrario, se aboga por la apertura de procesos donde los saberes experimentales y experienciales puedan trabajar en un entorno abierto, afectivo y experimental.[18]

18. Lafuente, 2024.

1

LA CIENCIA AMATEUR, O EL DESENCUENTRO SECULAR ENTRE EXPERTOS Y LEGOS

Con la creciente expansión de internet han proliferado en la red productores de contenido de toda especie, incluidos los de contenido científico. No me refiero únicamente a los *tiktokers*, *youtubers* o *instagramers* que divulgan contenidos de calidad merecedores de premios, entre otros reconocimientos, sino también a otros creadores de conocimiento contrastado. Ellos son los amateurs, gentes que podríamos caracterizar como actores no acreditados y que, pudiendo saber mucho, carecen de título académico que lo certifique. Hay quien saluda este fenómeno y lo califica de resurgimiento de la cultura amateur. Y es que, como ya hemos visto, el mundo moderno tal y como lo conocemos se fundó gracias a sus producciones. Sin embargo, fueron criminalizados durante el siglo XIX, calificados de impostores, intrusos o delincuentes, cuando en realidad eran figuras clave de la vida pública. Pero por fortuna, y a pesar de todas las trabas de los Estados, no desaparecieron, sino que se sumergieron para seguir haciendo su trabajo[1] y se implicaron en tareas cada vez más sofisticadas.

Antes, nuestras casas, nuestras calles y nuestros cuerpos eran un asunto de incumbencia popular. El estado todavía no sabía que se trataba de campos inagotables por donde expandir su poder e influencia. No había llegado el momento del despliegue de eso que

---

1. Stiegler, 2010; Dillet, 2017.

Foucault llamó biopolíticas. Los amateurs eran actores decisivos. Y, si miramos un siglo atrás, los encontraremos implicados en tareas todavía más sofisticadas.

El origen amateur de la ciencia moderna

Son abundantes y muy prestigiosos los autores a los que se atribuye el nacimiento de la ciencia moderna, es decir, aquella que está basada en la producción experimental de hechos, tal como hoy la conocemos. Los filósofos experimentales, esos que negaron la autoridad que venía de la tradición para sostener que solo debíamos confiar en los hechos contrastados, pusieron en jaque todo el sistema universitario y, por extensión, el tutelaje cultural de la Iglesia y de la Corte. En consecuencia, el laboratorio se erigió como el *locus* mismo del saber.[2]

Sin ir más lejos, la Royal Society, primera sociedad científica moderna, era una institución amateur que defendía un modelo de conocimiento alejado de las prácticas académicas dominantes. De esta manera, se intuye que la ciencia moderna surgió como un proyecto contrahegemónico que podía suscitar todas las sospechas posibles. Sus partidarios tenían que cuidarse, porque eran rápidamente identificados como enemigos de la tradición, la autoridad y la monarquía y parte de su éxito se basaba en pasar desapercibidos y diseñar con cautela sus estrategias de captación. Los historiadores nos han contado que los amateurs emplearon dos tácticas principales para conseguir adeptos: la primera consistía en hacer sesiones públicas de experimentos en cafés y tabernas que atrajeran a la pequeña nobleza, los artesanos y algunos cortesanos, que pudieron certificar que eso de la filosofía experimental era tan instructivo como entretenido; la segunda estrategia fue literaria y consistió en

2. Latour, 1993.

contar por escrito los experimentos que hacían de una manera tan sutil y detallada que convertía al lector en testigo virtual de algo que supuestamente estaba sucediendo ante sus ojos.[3]

Gracias a estos dos métodos, en pocas décadas los amateurs lograron crear un pequeño ejército de «testigos» dispuestos a certificar que todo cuanto decían estaba probado mediante experimentos replicables. Los primeros públicos de la ciencia no se comportaron como meros espectadores, sino que con su presencia estaban contribuyendo al despliegue de un nuevo modo de producir y validar el conocimiento. No eran testigos pasivos o circunstanciales, sino de cargo y por tanto necesarios. Eran pocos y, sin embargo, lograron penetrar lenta y profundamente en el tejido social que entonces estaba conformado por una incipiente clase media, que leía prensa, acudía a los salones ilustrados, visitaba librerías y consumía relatos de viaje. Hablamos del influyente porcentaje de empleados públicos y de hidalgos locales que engrosaban las sociedades patrióticas de amigos del país, admiraban a Benito Jerónimo Feijoo, amaban los bulevares arbolados, los sabores exóticos y demandaban prontuarios de botánica, aritmética y geografía.

El caso de Inglaterra es paradigmático y muchas cosas se han escrito sobre el origen de sus amateurs. También resulta destacable la figura de Alexis de Tocqueville, quien contribuyó al mismo relato pero, en su caso, representando a la joven nación americana de mediados del siglo XIX. En ambos casos se quería subrayar la escasa profesionalización de la clase media y dirigente. Los hechos son abrumadores, y cuando nos referimos a la ciencia y al origen amateur de la Royal Society, contamos con muchas evidencias de que esa condición se mantuvo inalterable hasta bien entrado el siglo XIX. Todo indica que saber ciencia y practicarla sin mayor compromiso que el goce diletante, compartido e informal era un ingre-

3. Shapin y Schaffer, 1985.

diente muy común del ornato imprescindible de quien aspiraba a integrar la élite de un país: una minoría que presumía de sus aficiones antes que de sus capacidades. Es decir, que hacer ciencia era, entre otras cosas, un distintivo de clase. El ingreso en la Royal Society se compraba y así lo constataba J. Priestley en un texto escrito en 1774: «Un filósofo debe contar con una bolsa además de un cerebro». Y es que, en la práctica, la profesionalización de la ciencia solo pudo avanzar cuando esta aristocratización del saber, incluido el científico, cayó en desgracia ya en el siglo xx.[4]

Como hemos visto, la constitución de la ciencia moderna fue una producción amateur. Más aún, podríamos decir que el origen de la ciencia moderna está en la ciencia ciudadana. No justificaremos esta afirmación definiendo lo que entendemos por ciencia ciudadana, pues semejante estrategia acabaría por excluir todas aquellas voces que no orbitan alrededor del relato dominante. Aquí basta con señalar que me refiero a la existencia de todas aquellas actividades hechas extramuros de la academia y desarrolladas por personas bajo sospecha, como los ya mencionados filósofos experimentales que hurgaban en asuntos críticos y que además no pertenecían a instituciones de referencia. Y, en efecto, nada podía ser más desestabilizador que enfrentar los hechos a las tradiciones o, dicho con otras palabras, la cultura del laboratorio a la cultura predominante entre la nobleza, el episcopado y la cátedra.

En consecuencia, el laboratorio nace como un espacio alternativo, contestatario, descreído y resistente, sostenido sobre las propuestas de estas personas afectas a la experimentación que actuaron como científicos ciudadanos. En este sentido, no solo pretendo argumentar que el relato de la ciencia moderna debe rescatar actores injustamente olvidados, sino también todas las prácticas silenciadas sin cuya presencia los hechos relatados parecerían mágicos e incomprensibles.

4. Berman, 1975.

No son pocos los autores que han documentado cómo los relatos de la ciencia han ocultado la cohabitación histórica entre saberes teóricos y saberes prácticos. Sin embargo, la historia de la ciencia se ha limitado a narrar una especie de historia de los descubrimientos banalizando las muchas mediaciones de naturaleza técnica, práctica, artesanal, mundana y manual que fueron necesarias para que una idea se hiciera visible y no solo pensable. Y no me refiero a que fuera útil para algo o para alguien, sino a que pudiera ser demostrable, gestionable, comunicable, validable o representable. Sin ir más lejos, Lissa Roberts ha dedicado mucho tiempo a publicar relatos minuciosos y memorables de estos cúmulos de pequeñas, inevitables e invisibles contribuciones de actores secuestrados por el relato hegemónico. Su desaparición no fue resultado de una decisión consciente. Nadie decidió que a los artesanos había que tratarlos como actores secundarios, mañosos y sustituibles. No se trató de una conspiración tramada entre historiadores y filósofos del conocimiento. Fue peor. Bastó con ignorar que también las ideas se hacen con las manos en espacios de producción que se parecen más a talleres que a claustros y que tienen más parecidos con un carnaval que con un funeral.

Los escritos de Pamela H. Smith, Simon Schaffer, Andy Clark o Chandra Mukerji no se conformaron con abrazar el desprecio heredado hacia el trabajo hecho con las manos. En su lugar, supieron encontrar las palabras con las que dar valor a lo encubierto, mostrar inteligencia en lo hacedero y hallar innovación en lo situado. Así, han construido un relato creíble que da un protagonismo inesperado a muchos actores hasta entonces excluidos. Tanto que, en los albores de la filosofía experimental y siempre que nos fijemos en los detalles de esa coreografía singular que llamamos ciencia moderna, nos costará distinguir entre los actores principales y los secundarios, entre las acciones de quien piensa y las decisiones de quien actúa o entre los ambientes del laboratorio y los del taller. Y es que hablamos de momentos donde siempre hay instrumentos que calibrar, cartografías que levantar, tablas que aportar, máquinas que ajustar, objetos que acotar, sustancias que mezclar, archivos que construir y, en definitiva, matices que diferenciar mediante códigos de color, líneas de tiempo, muestrarios de especímenes, catálogos de formas, mapas relacionales, organigramas funcionales o gráficas estadísticas.

Reclamar la relevancia de tantos actores anónimos y de sus prácticas artesanales o informales, implica dar protagonismo a la clase media emergente a la que pertenecen. Lo más sorprendente es que los amateurs lograron en 100 años tomar el poder y redactar las constituciones liberales de Estados Unidos o Francia. Un éxito que solo podemos explicar si incluimos en el relato del pasado a este actor histórico que, como las mujeres, también fue sacado del relato historiográfico y condenado a la irrelevancia. La palabra *amateur* incluye todas aquellas personas que compraron el Teatro Crítico, asistieron a los ascensos de globos aerostáticos, apreciaron la tarea de modernización emprendida en las Sociedades Patrióticas, compraron un mapa o un microscopio para adornar su casa y se interesaron por la piña, el cacahuete o la quina. A aquellos que pudieron expresar su amor a las plantas, las antigüedades o las estrellas en el espacio público y, así, dejaron de ser una masa de espectadores indolente y se transformaron en testigos imprescindibles que, como explicaba Lyotard, al validar lo que estaban viendo, se transformaron en sujetos históricos[5] durante las revoluciones liberales.

Ciencia y cultura de masas

Las Exposiciones Universales, desde mediados del siglo XIX, consolidaron ese papel de testigos del progreso y entusiastas de la tecno-

5. Lafuente y Valverde-Pérez, 2003.

logía que asociamos a los amateurs. Por vez primera, era el estado liberal quien les convocaba para que certificaran el papel de la tecnología como expresión de la musculatura del nuevo régimen liberal. A la Exposición de Londres de 1851 acudieron seis millones de visitantes y a la de París de 1900 llegaron a los 50 millones. Son cifras mareantes de personas que aún hoy serían muy difíciles de gestionar. Dar comida, bebida, letrinas y cama a esas masas fascinadas por la modernidad era una tarea de mayor enjundia que organizar una guerra.[6]

Algunos autores han hablado del despliegue de un sublime tecnológico que engatusó a las masas para convertirlas en adictas al progreso técnico.[7] Otros investigadores han preferido usar la noción de sonambulismo tecnológico.[8] Seguro que ambas tienen razón. Contemplar aquellas máquinas portentosas sin ruidos ni humos, montadas en pedestales y emplazadas como trofeos en lugares suntuosos, no tenía nada que ver con lo que sucedía en las plantas industriales, pero la gente acudía a contemplarlas pendientes de su promesa, antes de que de la realidad. No es raro que mucha gente viera en esas exposiciones nuevos santuarios civilizatorios y en sus visitantes a beatos de una nueva religión laica.

Nada nos cuesta hoy entender la importancia de esos públicos de la ciencia. Tenemos muchas imágenes de época que muestran a los ciudadanos boquiabiertos contemplando el espectáculo de la construcción de las grandes infraestructuras urbanas: estaciones de ferrocarril, mercados de abastos, depósitos de agua, bulevares arbolados y saneamientos soterrados, además de hospitales, universidades, museos, jardines y bibliotecas. Los gestos de la gente son de asombro. Tienen una actitud extática ante lo excelso. Parecen segu-

---

6. Saraiva, 2005; Nieto-Galán, 2016.
7. Nye, 1996.
8. Winner, 1979.

ros de lo que presencian. No solo están mirando, también están aprobando. Consienten extasiados. No tienen dudas: creen saber hacia donde les lleva el signo de los tiempos.[9]

Aunque la ciencia siempre les ha necesitado como públicos,[10] la relación entre los sabios y los legos nunca ha sido fácil. En los albores mismos del nacimiento de la filosofía quedó registrado el primer desencuentro memorable. Cuenta Platón que andaba Tales tan absorto por lo asuntos del cielo que se desentendió del suelo y cayó a un pozo. Una mujer tracia —entonces arquetipo de analfabeta, supersticiosa y devota— que observaba la escena rompió a carcajadas viendo a un hombre tan listo y a la par incapaz de hacerse cargo de los asuntos mundanos. Desde entonces esa desconfianza entre los que saben de abstracciones y los que habitan entre concreciones no ha dejado de crecer.[11] También Molière quiso hacerse eco de esa distancia, sacando a escena a médicos cuyo palabrerío ante el vulgo provocaba nuevamente risotadas de rechazo.[12] Aquellos señores engolados, huecos y arrogantes hablaban un lenguaje que nada tenía que ver con lo que los espectadores experimentaban en su cuerpo. Y los testigos condenaban la altanería. Los sabios eran acusados de inútiles, altivos y chuscos. La ciencia no estaba a la altura de lo que se necesitaba y los cómicos, como la mujer tracia, lo denunciaban con la risa.

Los desencuentros no solo afectaron a la gente del común. También los políticos, en tanto que responsables públicos, quisieron expresar su desconcierto. Cuenta la leyenda que Lavoisier, el mayor de los químicos y poco afecto a la Revolución francesa, fue acusado de ir contra la República y condenado a muerte. El día que iba a ser

9. Lafuente y Saraiva, 1998.
10. Nowotny, Scott y Gibbons, 2001.
11. Blumenberg, 2000.
12. Brunel, 2014.

ejecutado, solicitó de su verdugo un breve aplazamiento para concluir un texto científico de gran importancia en el que estaba trabajando. Tras la debida consulta al presidente del tribunal que lo juzgó, recibió un no como respuesta. Los que mandaban le hicieron saber al legislador de la química, como lo llamó Pasteur, que «*La République n´a pas besoin de savants*». Los científicos tenían que aprender a ser buenos ciudadanos, porque ser sabios no iba a ser suficiente.[13] Ahora la arrogancia, el despecho y la desconfianza circulaba en ambas direcciones. El desprecio era mutuo. Ser sabio era algo que podía confundirse con la condición de soberbio, egoísta y hasta ridículo.

En este sentido, nunca fue fácil la relación entre expertos y legos. El escritor George Bernard Shaw definió al experto como un tío que viene de fuera y que articula una conspiración contra los legos. Es decir, alguien que sin conocer lo que pasa, sin preguntar a nadie e ignorando la situación concreta, se dedica a tomar decisiones y decir lo que hay que hacer. Y es verdad que, aunque no todos sean así, lo cierto es que desde Tales hasta nuestros días proliferan ese tipo de personajes que visualizamos como demasiado lejanos, tanto por el lenguaje que usan, como por la actitud de sabelotodo que adoptan. La gente ordinaria y las opiniones comunes han sido siempre un problema para quienes sienten que pertenecen a una élite. Los sabios, los consejeros, los expertos, los virtuosos, los «tenores» siempre anduvieron cerca del poder. Y con la llegada del mundo moderno se dan cuenta de que la violencia, el autoritarismo o el desprecio hacia la gente común no es la mejor manera de resolver los conflictos, ni preservar sus privilegios. El problema es muy antiguo y tiene algunas referencias claras que merecen atención.[14]

A principios del siglo XVI, Maquiavelo ya observó que la tradicional deriva hacia el lenguaje del «deber ser» debía sustituirse por

13. Bensaude-Vincent, 1989.
14. Brown, 2009.

otro lenguaje más modesto y atenido a la realidad, siempre más sucia, tozuda e imprevisible de lo que imaginaban. Un gobernante, decía Maquiavelo, solo actuaba bien cuando se regía por un principio de utilidad, lo que, simplificando las cosas, significaba que solo era correcto aquello que se manifestaba como útil. La utilidad entonces se entendía como una forma de escuchar las necesidades de la comunidad y de validar el conocimiento.

Hobbes, por otro lado, no estaba de acuerdo en que fuera tan fácil acordar lo que los hechos decían acerca de la realidad. No compartía con todos los empíricos del mundo la idea de que fuéramos capaces de expresar con palabras lo que la realidad supuestamente predicaba al margen del observador o del intérprete. El lenguaje era una convención humana y, como todos los demás acuerdos, estaba sesgado por los intereses de quienes lo usaban y tenían la capacidad para avalarlos. Los hechos, entonces, podían ser engañosos, manipulables y frágiles, lo que hacía muy recomendable la presencia de un monarca que encarnara la Commonwealth y mediara entre las personas humanas y las llamadas personas de ficción, como los bosques, los hospitales, los mercados, los niños, los enfermos o los puentes, entre otros muchos entes que modulaban la vida del común y que, para corregir desajustes, reclamaban que alguien tomara la palabra en su nombre. En efecto, mediar en este caso implicaba focalizarse en la convivialidad. Su experticia no estaba consagrada a la objetividad promovida por los filósofos experimentales, ni a la utilidad de los gerencialistas que seguían a Maquiavelo.

También John Dewey, a comienzos de siglo XX, tomó la palabra para protestar contra quienes tanto confiaban en la capacidad de argumentar fuera de la experiencia. Y, como la figura más reconocida del pragmatismo norteamericano, defendía que la inteligencia es colectiva porque nada nace en la cabeza de nadie, no es un fenómeno cerebral, sino social, pues todo emerge en la interacción entre los concernidos. Así, por ejemplo, los expertos solo pueden ser personas que reciben por delegación la responsabilidad de gestionar lo público, entendiendo que toda la autoridad nace de abajo hacia arriba. El conocimiento, la autoridad y, desde luego, la experticia solo pueden ser excrecencias democráticas, pues lo público no es más que la suma de los públicos o, como diríamos ahora, algo que nace por la presión de los movimientos sociales y la sociedad civil organizada que reclama, como diría Lefebvre, el derecho a ciudad.[15]

Es obvio que nunca hemos sabido cómo tratar el desencuentro entre culturas, aquí visualizado como un conflicto entre los de arriba y los de abajo, entre quienes deciden y quienes obedecen o entre los que saben y los que no. Jamás fue evidente cómo manejar ese imperio elusivo del sentido común. Y desde que tenemos democracia, siempre hubo un problema sobre cómo gestionar la tensión entre los electos y los selectos, entre quienes obtienen su legitimidad por el voto popular y quienes la logran por sus méritos. Si hiciéramos caso de Isabelle Stengers, admitiríamos que es inútil buscar cómo enfrentarlos porque sus vidas están entrelazadas y somos seres interdependientes, lo que implica, en palabras de Whitehead: «Contener los ardores de los especialistas y ampliar el campo de su imaginación».[16]

Bruno Latour nos enseñó de todas las maneras posibles a sospechar de quienes ven estricta la separación entre sujetos y objetos, entre cultura y naturaleza o entre hechos y opiniones. Ahora hay una legión de académicos, incluyendo numerosas cátedras y varias revistas de prestigio, que están seguros de la imposibilidad de lograr certezas libres de contaminación ideológica, cultural o política. Y, en consecuencia, si Latour tuviera razón, estaríamos perdiendo el tiempo insistiendo en estancar el conocimiento en la academia, los laboratorios o los gabinetes de análisis. La realidad es que no existe

15. Harvey, 2013.
16. Stengers, 2022.

frontera alguna entre un supuesto «adentro» —donde se produce el conocimiento verdadero— y un supuesto «afuera» —que contamina ese conocimiento—. Tampoco avanzaremos como comunidad si nos empeñamos en tratar a quienes habitan ese afuera salvaje como si fueran ignorantes, dependientes e inmaduros.[17]

Pensemos en las situaciones reales que nos hacen desconfiar de los fanáticos de la objetividad. Son muchos los problemas que desbordan las paredes del laboratorio y que comienzan a ser tratados en los noticiarios, la prensa, los parlamentos, las parroquias y las charlas de café. Cuando eso ocurre y la opinión pública reclama certezas, es decir, pruebas que justifiquen opiniones basadas en evidencias y puntos de vista confiables, casi siempre procedemos de forma parecida: devolvemos el problema a los expertos para que nos lo devuelvan exento de controversias. Se hace entonces necesario entender cómo funciona la ciencia, pues los expertos siempre actúan del mismo modo: transforman los problemas en objetos observables mediante un número muy reducido de variables. Lo que hacen, como explica Bernardette Bensaude-Vincent, es darle valor a lo que saben medir e ignorar lo que no pueden cuantificar. Su modo de apropiarse de los problemas implica sacarlos de la esfera pública, representarlos con una perspectiva métrica y, en definitiva, enfriarlos mediante conceptos, geometrías y protocolos ajenos al bullicio de lo mundano. Y en eso, sin duda, son verdaderamente competentes.

Pero ahí no acaba todo. Los contratiempos reaparecen cuando alguien les pregunta cuál es su conclusión, porque eso les obliga a usar un lenguaje comprensible por quienes los escuchan. Se ven obligados a salir del laboratorio y encontrarse con la urbe o, dicho con otras palabras, con las metáforas, los imaginarios y la fluidez del lenguaje común.[18]

17. Latour, 2004.
18. Bucchi, 2012.

El encuentro con la gente exige reconciliarse con la pluralidad cultural que habitamos. Hacerse entender implica un recalentamiento de los problemas del que no siempre son conscientes. El reencuentro con la política es inevitable y cualquier intento de separarlas de forma nítida nos conduce a la melancolía, porque ciencia y política se coproducen.

Sin embargo, no todo el mundo quiere ser experto, como son pocos quienes se acercan a la ciencia con voluntad de hacerse notar y ganar relevancia. Hay mucha gente que se acerca al ámbito científico sin otro afán que gozar aprendiendo. No les motiva el deseo de arreglar problemas o responder preguntas, porque son personas que quieren conocer mejor cómo son las plantas que observan o cómo leer el paisaje que les rodea. Les fascina el orden celeste, el canto de los pájaros, las cristalizaciones minerales, la forma de las nubes, la variedad de plantas, el mundo de las fermentaciones, el universo de los colores, la conducta de los animales, la magia de los números, la toponimia de los lugares, la etimología de las palabras o los porqués de la historia. Y podríamos citar muchas más aficiones que, con frecuencia, los acercan a la ciencia. Ninguno de ellos busca en el conocimiento una oportunidad para hacer carrera, ensanchar el espacio público o producir política. No les interesan las implicaciones pedagógicas, culturales o tecnológicas. Solo quieren sentir la potencia del encuentro con lo nuevo, con lo otro o con lo diferente. No les importa redescubrir la rueda y sus hallazgos serán ya conocidos por otras personas. Tampoco buscan la originalidad o la primacía ni los galardones, premios u otras formas de reconocimiento. No concursan ni compiten, simplemente gozan satisfaciendo su curiosidad. Y sí, cada descubrimiento que hacen es un pequeño eureka que colma plenamente su empeño. Todos ellos son los amateurs.

La cultura amateur

Los amateurs son actores de frontera.[19] Su desempeño suele ser una actividad principalmente doméstica, pues convierte su hogar en un espacio híbrido que acoge las facilidades de un taller modesto. También habitan un tiempo híbrido, pues sus aficiones llenan los momentos de ocio. Los instrumentos que utilizan, a veces sofisticados, no dejan de ser un remedo de los que encontramos en los laboratorios profesionales. Se parecen y, muchas veces, son los que tiempo atrás se usaron en la academia y ya quedaron obsoletos. No son herramientas despreciables, en absoluto. Quizás no tengan la precisión que se exige en los laboratorios, pero son más que suficientes para entender la complejidad de hacer observaciones, obtener un dato y comprobar que es fiable. Son instrumentos en la frontera de dos mundos, el profesional y el del aficionado. Un amateur no suele interesarse por los asuntos más teóricos o conceptuales y se limita a las cosas prácticas: no le interesan las leyes, pues su motivación son las cosas y las prácticas. Lo que le mueve es pensar con las manos.

Tampoco les apasiona el mundo de las revistas especializadas. Admiran a los científicos. Los ven como gigantes de la cultura y respetan esa supuesta torre de marfil que habitan. Entienden su mirada de condescendencia. Les tienen por gente muy ocupada y en asuntos de gran complejidad. Y no les sorprende pasar desapercibidos. Muchas veces, los museos han tratado de incorporar a los amateurs en las actividades divulgativas de la institución. Pero los amateurs no suelen aceptar unos ofrecimientos que les restan libertad de movimientos y les obligan a los horarios fijos, los objetivos acordados y las temáticas decididas. Históricamente, lo sabemos, no se han dejado colonizar y siempre supieron preservar su autono-

19. Meyer, 2008.

mía.[20] No han querido dejar de ser actores de frontera, con instrumentos, objetivos y epistemes a medio camino entre el ocio y el trabajo, entre la diversión y la obligación, y entre la curiosidad y el conocimiento. Hay, sin duda, mucha consistencia, siempre por redescubrir, en lazos tan débiles.[21]

Me tienta mucho afirmar que ningún científico llegó a la ciencia sin previamente experimentar las pasiones del amateur. Y me pregunto si este reciente resurgimiento de lo amateur no tendrá que ver con una nostalgia por el mundo que ya se fue. Sabemos que un académico acaba dedicando gran parte de su tiempo a recabar recursos, reportar sus actividades, acudir a reuniones, revisar trabajos y documentar viajes, gastos y proyectos. También conocemos la importancia de construir una reputación basada en el impacto de las contribuciones y del papel creciente de las grandes corporaciones en la financiación de la investigación. Llega un momento en que todos los científicos se preguntan por lo que hacen engrosando un mundo donde la sorpresa, el goce y la camaradería han sido reemplazadas por los planes estratégicos, las evaluaciones y la competición.[22]

Hace unos años anuncié una conferencia sobre «La promesa amateur» con un tuit que logró un éxito exagerado. Adoptó la forma de una pregunta tan ingenua como, al parecer, esperada: ¿quién quisiera ser un profesional si pudiera vivir como amateur? Muchos seguidores se sintieron interpelados porque, la verdad, los académicos estamos hartos de tanto dar cuentas de lo que hacemos. Nos incomoda mucho estar siempre bajo sospecha. Nos parece que perdemos el tiempo en papeleos que nadie revisa. La pregunta, no lo ocultamos, contenía una crítica a la deriva neoliberal del ecosiste-

20. Gieryn, 1999.
21. Granovetter, 1973.
22. Hall, 2021.

ma tecnocientífico que resonaba con luchas antiguas a favor de la libertad de cátedra, el conocimiento por el conocimiento o la ciencia como bien común.

Es indudable que la condición amateur aflora en la infancia, aunque no todas las personas logran mantenerla viva. Aprender es una de las mayores satisfacciones humanas y durante los primeros años de la vida nada es más estimulante que descubrir cada día cómo funcionan las cosas y cómo nombrar lo sucedido. Todos somos capaces de recordar esa experiencia y, por tanto, todos somos amateurs. Hablar entonces de amor al conocimiento es también un ejercicio de memoria. Recordar la emoción, la inocencia y la alegría con la que hacíamos nuestros pequeños descubrimientos nos acerca más que ninguna otra cosa al asunto que aquí estamos tratando.

Todavía es reciente el redescubrimiento del gesto amateur como parte de una actitud que los gobiernos quieren poner en valor. Bajo el paraguas de la ciencia ciudadana se agrupan un sinfín de actividades que merecen nuestra atención. No hablaremos aquí de las actividades más antiguas y consolidadas. Damos por hecho que hablar de astronomía, ornitología, arqueología, etnografía y botánica populares no aportaría ninguna novedad a este texto. Es preciso subrayar, sin embargo, el hecho de que no hablamos de actividades minúsculas, marginales o irrelevantes, pues estas agrupan a millones de aficionados bien organizados que movilizan enormes inversiones en viajes, revistas o instrumentos. Sin duda, representan un capítulo significativo y creciente de la oferta turística actual.

En este sentido, la presencia de temas científicos en nuestras conversaciones ordinarias también resulta sumamente relevante. Vivimos un momento en el que cualquiera puede dar una conferencia sobre las bondades del ayuno intermitente, el caminar mucho, el buen dormir o sobre el estrés. Y no hablemos ya de la frecuencia con la que mencionamos la necesidad de ingerir proteínas, generar endorfinas o tener relaciones sexuales de calidad. El mundo se ha llenado de gentes que sientan cátedra sobre la economía circular, el peligro de los plásticos, la inteligencia animal, la causa de las sequías, los excesos de azúcar, el riesgo de las tormentas solares o la desgracia de las especies invasoras. Hablan de ciencia o de cosas que parecen científicas, incluso se refieren a publicaciones o autores de prestigio, pero por desgracia solo son argumentaciones falaces, plagadas de medias verdades y construidas con datos discutibles. Mucha de la ciencia que se ha metido en nuestras vidas mezcla de forma poco transparente las prácticas y el lenguaje de la ciencia con un sinfín de imposturas más o menos acertadas y, sobre todo, resultonas. El negocio de la autoayuda, la industria de los remedios holísticos, la prédica catastrofista o la proliferación de gurús, conforman un increíble mercado *underground* que tiene poco que ver con la ciencia como tal.[23] Es un mundo que se parece más al de los exvotos que al de los medicamentos y que nos recuerda la promesa de las indulgencias, el fervor del espiritismo y el disparate de los aquelarres.[24]

Retomemos el tema de la llamada ciencia ciudadana, un concepto que reúne tres prácticas de distinto origen y ahora hermanadas: la ciencia que hace suyas las preocupaciones de los ciudadanos, la que se hace con los ciudadanos y la que nace de la misma ciudadanía.[25] Una se hace para los ciudadanos, sin tomarlos en cuenta; otra los integra como coproductores y la tercera les reconoce como actores autogestionarios.[26]

Hay muchas formas de practicarla. Por ejemplo, SETI —acrónimo de Search for Extraterrestrial Intelligence— reúne a millones de personas interesadas por la vida extraterrestre. Para encontrarla buscan entre las ondas electromagnéticas que llegan del universo la

23. Ruggie, 2004; Gray, 1999; Illouz, 2009.
24. Lázár, 2015; Johannessen y Lázár, 2006.
25. Irwin, 1995.
26. Vohland, 2021; Pelacho; 2021.

posible existencia de algún patrón de transmisión que no pueda ser confundido con ruido y que denote la presencia de alguien emitiendo. Las señales son tomadas por el radiotelescopio de Arecibo (Puerto Rico), hoy reemplazado por el Allen Telescope Array (ATA) en California, y la cantidad de información que recibe es tan gigantesca que para procesarla se requiere la participación de la ciudadanía.[27] Para lograrlo se desarrolló la plataforma BOINC (Berkeley Open Infrastructure for Network Computing) que asigna a cada participante voluntario un paquete de datos que son analizados por un software que deben instalar en su ordenador personal. Y así, cada vez que interrumpo el uso de mi ordenador, porque necesito descansar, me visita un colega o me llaman por teléfono, BOINC detecta el parón, envía datos, activa el software y, al final, recibe el resultado del análisis.

Todo consiste en que la gente regala voluntariamente tiempo de computación y la plataforma gestiona todos esos tiempos residuales por la asignación de microtareas. Lo importante no es el objetivo que articula este proyecto de computación de masas. Eso es casi anecdótico, aunque hay que reconocer que sus diseñadores acertaron al proponer un asunto que fue capaz de atraer a millones de personas de todo el mundo. Hoy, la misma idea, basada en la computación distribuida y en la participación ciudadana, también llamada *crowdsourcing science*, se aplica a decenas de proyectos por todo el mundo con objetivos muy variados, como Galaxy Zoo (astrofísica), Folding@home (proteómica), Climateprediction.net (climatología), LHC@home (física nuclear) y, entre otros muchos, PrimeGrid (criptografía).[28]

Las cifras de participantes, la capacidad de computación activada y los resultados obtenidos son mareantes. SETI contaba en 2011

---

27. Anderson, 2019; Anderson, 2022.
28. Nielsen, 2011; Holohan, 2013; Franzoni y Sauermann, 2014.

con 2,8 millones de voluntarios que aportaron al proyecto 500 Tera-Flops (una capacidad comparable a la de Fugaku, el mayor supercomputador del mundo), equivalentes a 43 millones de horas de trabajo por año. En noviembre de 2012, BOINC alcanzaba una capacidad de computación de 20 PetaFLOPS. Galaxy Zoo, nacido en 2007, logró en un día atraer a 200.000 usuarios, que procesaron 70.000 imágenes en 24 horas; hasta 2012, GalaxyZoo había procesado 150 millones de galaxias, movilizando el equivalente a 500.000 horas de trabajo. Espectacular.

Contrariamente, BOINC no reclama a los participantes otra contribución que el tiempo muerto de computación. Hay proyectos, basados en el juego, que invitan a los adheridos a hacer cosas que reclaman atención. Fold.it es el más conocido y exitoso. El juego consiste en adivinar cómo será el resultado final del plegamiento de una proteína mostrando al participante las condiciones iniciales de partida y el objetivo que se necesita alcanzar. El jugador debe decidir cuanto antes si el plegado se ajustará o no al objetivo. Las reglas del juego son las mismas que las de la proteómica y todo se basa en la capacidad de los niños para fijarse en los detalles e imaginar con mucha rapidez futuros posibles. Como es un juego al que se prestan voluntariamente, se supone que se lo pasan bien y que, en consecuencia, no cabe hablar de explotación infantil por parte de la Universidad de Washington, promotora de la iniciativa.

Todos estos proyectos de computación voluntaria tienen en común la capacidad para capturar trabajo gratuito y expandir hasta el dormitorio de los participantes proyectos académicos que serían financieramente inimaginables sin la contribución ciudadana. No hay exageración, creo, en calificar estas iniciativas de uberización de la ciencia. Los ciudadanos ponen las herramientas, el tiempo, el trabajo y la inteligencia de forma gratuita al servicio de una plataforma regulada por un algoritmo y creada por una corporación que opera en el mercado. Junto a los proyectos de computación voluntaria, contamos con cientos más de iniciativas que están a medio camino entre el entretenimiento y la educación.[29]

No obstante, actualmente hay mucha preocupación por el declive de vocaciones científicas y por el creciente alejamiento de la ciudadanía respecto a la ciencia. Con frecuencia, como ya he explicado, los científicos son vistos como gente sabia y distante, personas sumergidas en sus pensamientos y alejadas de las preocupaciones más mundanas. Y hasta hace tres décadas esa escisión entre sabios y legos no se vivía como una amenaza para el desarrollo mismo de la ciencia. La gente, digámoslo con claridad, no importaba para nada.

Sin embargo, desde el lanzamiento de las bombas en Hiroshima y Nagasaki las cosas cambiaron. Una parte estimable de la ciudadanía, acompañada por muchos científicos, vio que se necesitaba alguna forma de control sobre las políticas científicas y sus consecuencias. La gente quería saber y muchas organizaciones nacieron para escrutar las posibles derivas perversas, corruptas o criminales de la comunidad científica. La primera respuesta de los gobiernos fue la divulgación y así nacieron los museos de ciencia, numerosas revistas, exposiciones temáticas, suplementos de prensa, periodistas científicos, documentales sobre la naturaleza y ciclos de conferencias. Todas las instituciones hicieron un gran esfuerzo y, al menos hasta la década de 1990, todo parecía ir bien.

Todo cambió cuando a finales del siglo pasado el cúmulo de problemas alimentarios, medioambientales, sanitarios o energéticos hizo evidente que había que avanzar en la dirección de la participación ciudadana. La gente no se conformaba con conocer el estado de la cuestión o los esfuerzos para enmendar los yerros. Ahora quería vigilar, intervenir e influir sobre políticas que no se consideraban defensoras del bien común, sino cómplices de las grandes

---

29. Strasser, 2019; Strasser, 2023.

corporaciones. Así fue como surgieron las conferencias de consenso, *science shops, focus group,* foros híbridos, *living labs* y demás dispositivos de participación.[30]

Durante esas décadas hubo muchos movimientos ciudadanos que despertaron del letargo provocado por tanta loa a la ciencia y llamaron la atención por una creciente multitud de errores, fraudes o fechorías en las que se habían visto involucrados académicos, expertos y científicos. A mediados de la década de 1980, después del desastre de Bhopal (1984), el accidente de Chernóbil (1986) y la catástrofe del Challenger (1986), los tres sectores más punteros de la tecnociencia (nuclear, químico y aeroespacial), pareció cerrarse una etapa de la historia y, en apariencia, se rompió el idilio entre ciencia y sociedad. La sociedad del riesgo había llegado para quedarse, la confianza en los expertos estaba en entredicho y se requerían nuevas formas de interacción que, por supuesto, incluían la participación, la gobernanza y la rebelión.[31] La divulgación ya no podía ser el único pacto posible entre ciencia y sociedad.

---

30. Douglas, 2007.
31. Bucchi, 2014; Callon, Lascoumes y Barthe, 2001.

2

La ciencia militante, o el activismo científico frente a la arrogancia de los expertos

Cuanto más presente está la tecnología en nuestra vida ordinaria, más fácil es que surjan desencuentros entre ciencia y sociedad. Y, en efecto, desde la II Guerra Mundial, los conflictos no han hecho más que aumentar en número e importancia. Ya hemos mencionado el impacto que tuvo la destrucción de dos ciudades japonesas en contra del criterio de muchos científicos que trataron de evitar que se lanzaran las bombas en 1945, cuando la guerra ya estaba prácticamente acabada. Luego hemos sabido que las bombas nucleares se lanzaron para amedrentar a los soviéticos y que los japoneses solo fueron una excusa.

Fue así como descubrimos que la ciencia podía también amenazarnos y que los científicos no podían seguir refugiándose tras la confortable distinción entre ciencia pura y ciencia aplicada o, dicho con un lenguaje más actual, entre ciencia y tecnología.[1] Para hacer ciencia se necesita la tecnología más sofisticada y para hacer tecnología se requiere el concurso de todos los conceptos y todos los experimentos. Y eso por no hablar de que ambas reclaman grandes inversiones, instituciones gigantescas y enormes movilizaciones de científicos, técnicos, medios, máquinas, leyes, revistas, congresos, premios y comités.

1. Sismondo, 2008; Brown, 2014.

Modernidades alternativas

Los ilustrados ya lo sabían y por eso inventaron la *Encyclopédie*. Querían probar que sin ciencia no podía haber progreso. Pero, tras su intensa implicación en las aventuras coloniales de Napoleón, entonces llamadas civilizatorias por ilustradas, llegaron a la conclusión de que posicionarse tan cerca del poder era muy arriesgado y descubrieron que en lo sucesivo debían luchar por ser actores siempre en la sombra. Fue entonces cuando se puso de moda llamar mandarines a quienes dirigían los departamentos universitarios[2] y se generalizó la figura del sabio autoritario, esquivo y ensimismado que tanto éxito tuvo dentro y fuera de la academia, y que Mary Shelley retrató con maestría en la novela *Frankenstein*.

¡Qué importante era la ciencia ya en el siglo XIX! Lo acabamos de ver en las Exposiciones Universales y podríamos haber mencionado también la obra de los grandes divulgadores del momento, como Flammarion o Verne. Quienes eran testigos de la proletarización de la mano de obra, comprobaron que el despliegue industrial estaba asociado a la esclavitud, la explotación y la deshumanización de los trabajadores. La distancia entre las máquinas expuestas y las máquinas utilizadas era sideral. No dedicaremos más líneas a este contraste. Hay, sin embargo, una historia que nos contó Rancière y que merece ser recordada.

Esta explica la lucha contra las condiciones deplorables de trabajo por parte de los obreros, que no se focalizó nunca en la supresión del trabajo asalariado o en la expropiación de los capitalistas, puesto que su aspiración no era contar con las riquezas de los empleadores, sino tener tiempo de ocio para leer prensa, escribir poesía, experimentar con la moda, fumar tabaco y pensar creativamente. Más que como luchadores contra el sistema o víctimas de la opresión, durante

2. Paul, 1984.

la tercera y cuarta décadas del siglo XIX, Rancière los califica de pensadores originales por haberse atrevido a reivindicar las relaciones laborales como un asunto público y no como expresión de un simple acuerdo privado entre el empresario y el trabajador. Las consecuencias fueron impactantes, pues en el imaginario republicano implicaba pensar el mundo de la fábrica como un espacio que debía respetar los derechos humanos. En este sentido, los proletarios de antaño actuaron como filósofos sutiles y tuvieron la audacia del mezclar el mundo patricio de los derechos con el plebeyo del trabajo. El cambio era espectacular, porque obligaba a pensar la situación del proletariado con las mismas herramientas que el burgués y eso ensanchaba el espacio público hasta alcanzar a la inmensa mayoría de la población.

Es evidente que no fue la primera vez que sucedía algo parecido, pues las mujeres ya se habían rebelado contra la Constitución redactada durante la Revolución francesa por excluirlas del derecho al voto, descubriendo que la condición de ciudadano, una abstracción que los hombres saludaron como revolucionaria, validaba muchas desigualdades heredadas. Ser revolucionario no implicaba renunciar a los privilegios asociados al género y la raza, lo que abrió para las mujeres un mundo de posibilidades con «solo paradojas que ofrecer», según explicó Olympe de Gougues, pues reclamaban ser reconocidas como iguales y tratadas como diferentes o, dicho con otras palabras, «nos obligarían a explorar hasta el infinito la tensión irresoluble entre el feminismo de la igualdad y el feminismo de la diferencia».[3] En consecuencia, a la imaginación feminista le debemos la capacidad para actuar según el patrón de paradojas que se origina al afirmar una diferencia que también necesitamos cuestionar: la tensión entre universal (que nos indiferencia) y natural (que nos distingue).

3. Scott, 1996.

Durante el siglo XVIII también hubo varios momentos en los que otros actores subordinados protestaron contra la forma en la que las cosas estaban siendo definidas desde los centros de poder. Está documentado el rechazo que algunos criollos americanos expresaron contra la medicina, la botánica, la química y hasta la climatología llevadas desde la metrópoli por ser consideradas meros lenguajes artificiales sin ninguna conexión con la realidad de las colonias. Técnicamente impecables para describir y clasificar el mundo, pero inútiles, decían los criollos, si aspiraban a cambiarlo, incorporando los saberes locales. Para los científicos metropolitanos, el mundo que estaban explorando solo era un muestrario de riquezas a su disposición, mientras que para los sabios locales había vínculos profundos entre el territorio y la comunidad que los saberes foráneos no alcanzaban a vislumbrar. Más aún, bajo la apariencia de objetivos opacaban esa relación y, en consecuencia, destruían el arraigo con lo que hoy nombramos conocimientos tácitos, ancestrales, indígenas o experienciales. La modernidad científica implicaba la ruina de lo propio en favor de lo extraño. Y eso les obligó a imaginar una modernidad alternativa, antes que una alternativa a la modernidad.[4]

Sin duda, el tiempo daría la razón a los criollos, como también se la dio a los proletarios y las mujeres. En todos los casos, como pronto veremos con mayor amplitud, se trataba de colectivos capaces de plantear preguntas cuya respuesta reclamaba una cierta capacidad para imaginar otras formas de gestionar el espacio público, más atentas a la diversidad que somos y abiertas a incorporar distintos planteamientos o diferentes formas de representar la realidad: se trata de procesos de modernización epistémica, lo que equivale a mirar a los colectivos que los promovieron como agentes cognitivos y no solo políticos. Hay una voluntad de tratar todos estos movimientos como actores relevantes en los procesos de innovación

4. Lafuente, 2000.

social por su capacidad para imaginar otros mundos posibles y aportar evidencias en las que fundamentar sus reivindicaciones. Muchas veces se ha reclamado su condición de agentes de cambio, y también es justo reconocer su papel como productores de conocimiento contrastado.[5]

Hace ya cinco décadas que U. Beck se preguntaba por lo que son los hechos. Un hecho, escribió, es la respuesta a una pregunta que podríamos habernos formulado de otra manera.[6] No se cuestionan las respuestas, sino que se nos invita a preguntarnos si nos estamos haciendo las buenas preguntas o solo las que interesan a otros actores presentes. No es raro que la presión mediática sea tan grande como para dejarnos llevar por sus dictámenes, tampoco lo es que nos comportemos entonces como ventrílocuos. Y esta situación es más frecuente conforme las situaciones que habitamos son más complejas. Desde la II Guerra Mundial no han dejado de aumentar las ocasiones en las que surgen tensiones entre lo que nos dice la ciencia y lo que necesitan los ciudadanos.

Cuando se llama reduccionista a un científico, lo normal es que se sienta reconocido. Quienes se dedican a la investigación asumen la necesidad de describir los fenómenos que les interesan con la menor cantidad posible de variables. Su creatividad se proyecta en imaginar cuáles son esas variables y cómo medirlas. Una actividad que también podríamos resumir diciendo que tratan de construir modelos teóricos que los experimentos puedan corroborar. Un buen modelo no reemplaza a la realidad, pero nos permite hacer muchas cosas interesantes: compartirlo para que otros lo validen, someterlo a nuevas pruebas que lo confirmen, modificar levemente las condiciones de contorno para explorar su resiliencia o contrastarlo con otros modelos para reconocer sus ventajas relativas. Un

5. Dinerstein, 2015.
6. Beck, 1992, pág. 166.

modelo, sin embargo, deja siempre fuera un porcentaje de casos que, por razones diversas, no encajan. Si eso afecta a personas, podemos encontrarnos con un proceso de exclusión que genera minorías que no se sienten reconocidas por el lenguaje de la ciencia o, con más precisión, por el modelo hegemónico. Todos conocemos casos en los que la solución que se propone para la mayoría no funciona para una minoría de concernidos. No es que la ciencia sea mala o que sus practicantes sean corruptos, se trata de que la ciencia no lo puede todo. A veces, no se hace las preguntas que necesitamos, otras veces los científicos están sometidos a presiones irresistibles y, con frecuencia, solo se mueven con seguridad si operan dentro del paradigma dominante.

Con razón muchas veces se ha reprochado a la academia ser portavoces de saberes de despacho. El trabajo de campo siempre es menos brillante y está sometido a demasiados impedimentos. Siempre suceden cosas y nunca podemos controlar con rigor estricto las condiciones de observación. Esta situación se agrava cuando la recriminación tiene que ver con que hacen un trabajo ajeno a las necesidades de la gente. La crítica puede ser injusta, pero es razonable por dos motivos: el primero subraya la importancia de que la academia abandone su zona de confort y ofrezca pruebas de su interés por los asuntos de la gente; el segundo invita a pensar en la noción misma de ciencia, pues no son pocos quienes sostienen que el conocimiento solo es epistémicamente admisible cuando brota de una experiencia concreta.

Todo esto lo resume de forma brillante una cita de K. Lewin que está en el origen de multitud de propuestas pedagógicas radicales: «si quieres conocer algo, atrévete a cambiarlo». En efecto, si sigues este consejo, no solo te vas a topar con las muchas contingencias que concurren en los experimentos de campo, sino que también tendrás que encontrarte con quienes se oponen o con quienes necesitan esa transformación. En definitiva, pensarlo con otros puede llevarnos más lejos, pero seguramente enlentecerá el proceso e introducirá variables que necesitaremos tiempo para barajar. En esas circunstancias, los concernidos exigirán ser parte del proceso y el saber experto, lejos de dominar la situación, se verá expuesto a reclamaciones que demandan habilidades de escucha y de mediación. En consecuencia, el conocimiento, además de estar basado en evidencias, será socialmente más robusto. La investigación-acción es el paradigma que agrupó desde mediados del siglo xx todas estas intervenciones.[7]

Ciencia y conocimiento local

Para los científicos nunca fue fácil dialogar con el conocimiento local. En 1990, el gobierno de Inglaterra otorgó la condición de zona de especial protección a Pevensey March, una comarca llana de unas 3.500 hectáreas, atravesada por numerosos canales de agua dulce y de mucha riqueza medioambiental. La designación implicaba que las decisiones ya se iban a tomar en Londres por expertos en ecología y que, en su conjunto, todo cuanto se dijese estaría trufado por su jerga característica basada en las nociones de especie, comunidad, hábitat o ecosistema que solo controlan los científicos. De hecho, su uso funciona como una especie de lenguaje privado y, en consecuencia, como una forma de apropiación simbólica que excluye a los demás de la conversación. Los campesinos, artífices históricos de ese paisaje, quedaron reducidos a la condición de legos y obligados a obedecer normas venidas de la capital.[8]

En consecuencia, los problemas no tardaron en llegar porque, por ejemplo, los canales fueron tratados por igual, ignorando, se-

7. Adelman, 1993.
8. Clark y Murdoch, 1997.

gún sabían los propios del lugar, que algunos se ensuciaban antes que otros o eran más soleados que sus contiguos. Surgieron conflictos agudos y costó mucho reconducir la situación, porque los campesinos no aceptaron integrarse a la red de cuidados como meros practicones, mientras los expertos exigieron que prevaleciera su principio de autoridad. Se comportaron de forma autoritaria hasta que entendieron que la reserva solo estaría a salvo si lograban formas de gobernanza nacidas de un verdadero intercambio de saberes. Para los científicos fue muy duro, además de novedoso, reconocer que el saber local de los campesinos era contrastado, secular y útil.

En realidad, no solo los campesinos han tenido problemas de comunicación con los científicos. Los urbanitas también tienen mucho que decir en este asunto. Por ejemplo, la ampliación del Aeropuerto Internacional de Minneapolis, donde el ruido significó cosas muy distintas para quien lo medía y para quien lo padeció. Y es que los vecinos se quejaban de que el estruendo provocado por el nuevo aeropuerto era insoportable y, para acabar con las protestas, se hicieron mapas de sonido ambiental usando las tecnologías más sofisticadas para recabar los datos. Pero no todo fue tan amigable, puesto que los mapas se construyeron según tres variables muy discutibles: hora media, día y aeronave medios. En efecto, fue una forma astuta de disfrazar los picos de ruido mediante un subterfugio que resultó ridículo, porque los ciudadanos hicieron su propia cartografía crítica y mostraron todo lo que aquellos mapas impecables estaban ocultando. Finalmente, el juez encargado del pleito les dio la razón. Este caso me gusta mucho porque es un magnífico ejemplo de cómo se puede engañar con la verdad: basta con producir datos incuestionables que hacen visible una realidad impostada, técnicamente muy parecida a la que vivimos, pero sutilmente manipulada. Los datos no son falsos, ni los instrumentos están trucados. El mapa, lejos de describir la realidad que necesitamos conocer, produce otro territorio que da la razón a quienes encargaron la pesquisa.[9]

Otro ejemplo interesante es el caso de Love Canal: el primer gran episodio de contaminación industrial que obligó a introducir prácticas regulatorias y prevenir la existencia de grandes fondos de compensación para las víctimas. En 2011, el *Bulletin of Atomic Scientist*, nacido en 1945 para combatir la proliferación nuclear, se refirió al desastre de Fukushima como un Love Canal en Japón. Y, en general, la prensa americana califica de Love Canal cualquier catástrofe de origen industrial. Eso es debido a la profunda huella que este episodio dejó en el imaginario colectivo norteamericano. De ahí que comentar lo que allí pasó sea una parada obligatoria para quienes nos interesamos por estos asuntos, puesto que representa la primera victoria de los ciudadanos contra la burocracia pública, la ceguera de los políticos, la petulancia de los expertos y la mezquindad corporativa.

La historia se remonta a 1890, cuando se puso en marcha un proyecto faraónico que pretendía unir el lago Erie con el Ontario. La obra no llegó a realizarse, dejando sin terminar un canal de un kilómetro de largo y 20 metros de ancho. En 1930, varias décadas después de ser abandonado, el Ayuntamiento de Niagara Falls autorizó a The Hooker Chemical and Plastic Corporation el vertido de basuras en su interior. Años después, la ciudad recompró los terrenos y los destinó para usos educativos, junto a otros servicios públicos. Durante la construcción de los nuevos edificios algunos ciudadanos se quejaron de malos olores y de pequeños episodios de salud que afectaron principalmente a sus mascotas. En 1978 hubo lluvias torrenciales que reventaron el vertedero, liberándose sustancias que lentamente afectaron la salud de los vecinos. Sin embargo, nadie les hizo caso. Al contrario, fueron acusados de estar nerviosos, desenfocar el problema y de exagerar la situación. Se les repro-

9. Cidell, 2008.

chaba que con su actitud estaban contribuyendo a empeorar las cosas. De poco sirvió que *The New York Times* calificara con admiración a sus líderes como amas de casa convertidas en activistas.[10]

Es evidente que al otro lado había enemigos poderosos que nunca las escucharon. Diez años más tarde, tras haber dedicado su vida a investigar lo que estaba pasando, lograron que la Environmental Protection Agency (EPA) reconociera el daño y admitiera que habían padecido, entre otros males, malformación cromosómica y cáncer. Las 900 familias afectadas fueron indemnizadas y trasladadas a otro lugar. Pero el problema no terminó con el traslado. Más bien comenzó, pues la EPA tuvo que reconocer que en 1979 había más de 30.000 vertederos nocivos repartidos por todo el país. Love Canal representa muchas cosas que tienen que ver con el nacimiento del movimiento medioambientalista y que, en definitiva, nos recuerdan que tenemos un pasado tóxico que nos acecha.[11]

Durante esos años, liderados por Lois Gibbs, la mamá de uno de los niños afectados, lucharon por un diagnóstico que siempre se retrasaba porque los afectados presentaban numerosas afectaciones asintomáticas. Además de la propia dificultad médica, el caso nos enseña a entender la actitud de todos los implicados. Por un lado, nos encontramos a los actores vinculados a la empresa contaminante que dedicaron todos sus esfuerzos a producir incertidumbre, asegurando que los datos disponibles eran incompletos, divergentes y discutibles; por el otro, a los afectados que tuvieron que convertirse en una comunidad de aprendizaje empeñada en producir evidencias confiables que les ayudasen a ganar capacidad de interlocución con otros posibles aliados en el espacio público.

Los tres ejemplos relatados muestran cómo la ciencia no siempre opta por ponerse del lado de los afectados. En consecuencia,

10. Gibbs, 2012; Corburn, 2005.
11. Mazur, 1984; Colten y Skinner, 1996.

nos ayudan a entender que la relación histórica entre el poder y el saber puede ser desafiada. Ser arrogantes, ser mentirosos y ser insensibles son solo tres formas diferentes de alejarse de la promesa heredada de la Ilustración, cuando se nos dijo que la ciencia vendría a resolver las disputas entre los humanos mediante experimentos contrastados e incuestionables.

Naturaleza neoliberal y ciencia militante

Las militancias del último tercio del siglo XX tienen un tufo romántico porque evocan luchas donde todo parece estar claro: un juego sencillo de buenos y malos. No obstante, las movilizaciones del siglo XXI son más complejas y se dan en el contexto de una naturaleza neoliberal, un modo de representarla que el mercado puede capitalizar rápidamente y que obliga a la academia a estar muy atenta a las exigencias de la propiedad intelectual, a la cultura de la auditoría y a las políticas desregulatorias.[12] Ya habíamos aprendido con Latour que la distinción entre sujeto y objeto, como en sus otras formulaciones de cultura/naturaleza u opiniones/hechos, era una construcción social que una investigación pormenorizada lograba desmontar. Se requieren muchas mediaciones para que funcione la idea de una naturaleza al margen del observador y no contaminada por sus diferentes prejuicios de clase, de raza, de género o de cultura. Contamos ya con muchas y muy buenas investigaciones que nos han hecho entender cómo opera la magia capaz de producir esa ilusión de la modernidad.

Sin embargo, en el siglo XXI se ha dado un paso más en esta dirección. Ahora los objetos científicos son privatizables y desregulados. Desde la aprobación del Bayh-Dole Act (1980) y la creación

12. McCarthy y Prudham, 2004; Mascarenhas, 2012.

de Nasdaq (1985) se puede reclamar la propiedad intelectual sobre descubrimientos científicos y monetizarlos en bolsa a pesar de su condición elusiva, colectiva y controvertida, pues muchos consideramos que la asignación de la propiedad al autor de un hallazgo inaugura un nuevo modo de desposesión de los bienes comunes.[13] Y aunque (todavía) sea legal, consideramos injusto que sea privatizado algo que ha requerido el concurso de toda la comunidad. Luchar contra las nuevas formas de propiedad que admite esa naturaleza neoliberal es el principal objetivo de las luchas de las que vamos a tratar en las siguientes líneas.

Sobran ejemplos de donde partir, pero voy a comenzar por las movilizaciones feministas contra el cáncer de mama. Algunos datos nos ayudarán a dimensionar el problema. Durante la octava y novena década del siglo xx, las feministas comenzaron a reclamar más información, más empatía y mayores cuidados para las pacientes. Todavía no se atrevían o no sabían cómo cuestionar el paradigma biopolítico que articula esta enfermedad, pero no tardaron en descubrir que el cáncer de mama era un episodio de salud menos individual que colectivo, menos biológico que social y menos genético que medioambiental. Su lucha entonces transitó desde la solicitud de mejores atenciones a la exigencia de distintas políticas, ahora de prevención.[14] Y como se trataba de invertir en otras cosas, establecer otras prioridades y dar un nuevo rol a la paciente, eran las concernidas quienes reclamaban ser escuchadas y pasar a ser parte activa en el proceso de coproducción de la enfermedad y del tratamiento. Sus cifras eran contundentes, pues el cáncer de mama no dejaba de crecer. Sabían que en 1964 padeció cáncer de mama 1 de cada 20 mujeres, mientras que en 2006 la cifra aumentó a 1 de cada 8. Si a esos datos agregamos que solo entre el 5-10 % de los tumores son de ori-

13. Grimaldi, Kenney, Siegel y Wright, 2011; Slaughter y Rhoades, 2004.
14. Klawiter, 2008; Conrad y Barker, 2010.

gen genético, no había más remedio que concluir que su causa debía estar relacionada con el estilo de vida o, en otras palabras, con la forma de trabajar, con la calidad de lo que comemos, bebemos, respiramos, con la forma de vestirnos, perfumarnos o asearnos. Y el hecho, sin embargo, es que casi todo el dinero se iba para la curación y muy poco para la prevención. Curar mucho es lo que necesitan las *Big Pharma*. Prevenir, en cambio, no les reportará muchos beneficios y puede que hasta implique cambiar el tipo de sociedad que habitamos.

En Long Island, Nueva York, las mujeres hicieron una cartografía del cáncer y descubrieron que en algunas zonas había una incidencia mayor. En 2002, creyeron obtener resultados concluyentes en favor de la tesis de que la causa del cáncer era medioambiental. Nadie les hizo mucho caso. Descubrieron entonces que la hipótesis medioambiental contaba con poderosos enemigos y, entre ellos, la National Breast Cancer Coalition, integrada en la Asociación Americana del Cáncer (ACS, por sus siglas en inglés), una organización benevolente y subsidiaria, cuya neutralidad fue puesta en cuestión.[15] Las feministas acusaron de cooptación a la hasta entonces venerable, altruista y compasiva ACS. Un cisma inesperado que puso a todo el mundo de la diplomacia científica en guardia.

Sin embargo, llovía sobre mojado: en 1994 se había fundado el Silent Spring Institute, una organización ciudadana autónoma abierta en Nueva York cuya finalidad era investigar todos esos asuntos que por uno u otro motivo siempre quedaban postergados por las agencias de financiación: la llamada *undone science*.[16] Así, las activistas lograron probar también en Cape Cod, Massachusetts, que el índice de cáncer era un 15 % mayor que la media. En San Francisco, otro grupo de feministas logró que se aceptara la presen-

---

15. King, 2006.
16. Frickel *et al.*, 2009; Hess, 2016.

cia de ciudadanos corrientes en los comités de evaluación, una vez que mostraron datos que confirmaban que el cáncer no era una enfermedad tan democrática como se suponía y que tenía preferencia por las mujeres negras, algo que entonces llegó a calificarse de *environmental racism*.

Demasiadas desigualdades convencieron a las mujeres de la necesidad de un Environmental Breast Cancer Movement, EBCM, donde se decía que el cáncer eran un evento político, comparable a una supuesta situación en la que un agente de la CIA les inyectase una a una el virus que lo pudiera provocar. Había mucha desesperación. Y eso quizás ayude a entender el tono de las nuevas formas de militancia. Quedaba claro que no estaban combatiendo un virus, ni una mala práctica médica, ni a una corporación perversa, lo que estaba en juego era el sistema en su totalidad.[17]

Ahora vamos a mirar el mismo problema con otro ejemplo también significativo: la presencia inesperada de genes de origen transgénico en especies nativas. Un artículo publicado en noviembre de 2001 en *Nature*, firmado por Quist y Chapela, presentaba un resultado tan insospechado como amenazante, pues probaba que había préstamo genético entre especies vecinas que ponía en peligro la supervivencia del maíz criollo.[18] La biodiversidad en su conjunto podía estar en riesgo por la expansión de la biotecnología. Pero quienes se sintieron más amenazados fueron los dueños del patentado maíz transgénico (entonces Novartis, hoy Syngenta), que presionaron a la revista para que publicase una editorial donde se acusara a los autores de haber actuado como militantes y no como científicos.

La revista *Nature* cambió por primera vez sus propias reglas de juego y trató como basura lo que previamente, días antes, había

---

17. McCormick, Brown y Zavestoski, 2003.
18. Delborne, 2005.

sido evaluado como impecable. La noticia provocó un escándalo internacional.[19] En México hubo manifestaciones multitudinarias en favor de la soberanía alimentaria bajo un lema bien expresivo: sin maíz no hay país. Quedaba clara la importancia que las grandes corporaciones ya tenían en la ciencia. El caso de Barbara Van Dyck, profesora de genética en Lovaina, expulsada de la universidad por apoyar un acto de protesta contra un campo de patatas en Wetteren, Bélgica, también es muy elocuente.

La magnitud del asunto hizo que la filósofa Isabelle Stengers le dedicara un artículo, que más tarde sería convertido en un libro llamado *Otra ciencia es posible. Manifiesto por una desaceleración de las ciencias.* En ese texto, Stengers nos invita a hacernos algunas preguntas urgentes y angustiosas, como, por ejemplo, dónde quedó la libertad de cátedra y la capacidad para discrepar en un claustro científico, o dónde termina la autoridad de un rector sobre sus empleados cuando en apariencia quiere controlar la totalidad de su vida. También quedaba claro que para la Universidad un acto de desobediencia civil, contrario al consenso mayoritario acerca de la conveniencia de levantar las cautelas contra los transgénicos, ponía en riesgo la credibilidad de la institución y, en consecuencia, amenazaba la financiación que aportan las corporaciones industriales. La Universidad y, en general, el dispositivo académico, estaría aquí operando como vanguardia del neoliberalismo y laboratorio donde experimentar políticas de reducción de derechos laborales y de privatización de los patrimonios comunes.[20]

La biopiratería también nos enseña mucho acerca de cómo están siendo las relaciones entre la investigación académica, los organismos reguladores internacionales y las empresas financiadoras. Cory Hayden nos ha contado con detalle cómo fue el proceso de

19. Delborne, 2010.
20. Stengers, 2011.

desapropiación de los saberes indígenas relacionados con la materia médica en México.[21] Aunque la expedición de la que formó parte como etnógrafa asumía el principio del *benefit sharing* (reparto de beneficios), recomendado por Naciones Unidas y que aspiraba a limitar las derivas extractivistas, los hechos probaron que nada sucedió como se había previsto. Nuevos actores inesperados en la cadena de mediación entre las comunidades originarias y las oficinas de patentes arruinarían el diseño de la expedición.

De este modo, los hechos probaron que el conocimiento del que pretendía sacar beneficio la empresa financiadora no procedía de los chamanes indígenas, siempre lejanos y recelosos, sino que había sido obtenido en los mercados de la ciudad de México. Allí encontraron puestos de venta, directamente conectados con las comunidades indígenas, donde se vendían remedios terapéuticos basados en el conocimiento ancestral. La expropiación entonces podía hacerse sin obstáculos jurídicos. Sin embargo, lo escandaloso era el papel reservado a los científicos en este proceso de transferencia, puesto que su trabajo había consistido en formatear los saberes indígenas en un lenguaje que dejaba fuera a sus creadores y que era de libre circulación en dos redes de valor: la primera, la científica, que era capaz de reconocer mérito y prioridad en el «descubrimiento» en aquellas precisiones técnicas; y la segunda, la económica, que sabía cómo apropiarse y monetizar un conocimiento que, más que a producirlo, solo habían contribuido a escalar. Los científicos de Hayden no quedaban bien parados, pues se habían convertido en piratas de un conocimiento indígena que habían ninguneado y en polleros de personas jurídicas, pues en vez de acompañar el tránsito de emigrantes a EE. UU., metieron en su país saberes arraigados a un territorio y protegidos con el Convenio de la Biodiversidad. A este saqueo le llamaron «descubrimientos originales».

21. Hayden, 2003.

Piratas, polleros y también cínicos, porque se disfrazan de sabios, neutros y fraternales, cuando quizás solo merezcan nuestro desprecio y denuncia.

Los primeros enemigos de la ciencia

Espero que se entienda el propósito de estas páginas. No las escribo para denigrar una institución de la modernidad tan admirable como la ciencia. Siento una admiración profunda por la inmensa mayoría de sus adeptos y practicantes, tanto desde el laboratorio como desde alguna de las aulas donde se enseña, los despachos donde se gestiona o los comités donde se valora, valida o celebra. Mirar para otro lado es un gesto mediocre y estos comentarios se suman a una larga y creciente lista de escritos que lamentan estas derivas y denuncian unos cuantos casos emblemáticos y bien conocidos. Tampoco escribo estas páginas para especialistas que quizás echen en falta todo lo que no se cuenta, sino que las dirijo a quienes quieren estar al tanto de una deriva que merece ser conocida. No tanto porque desee cuestionar el papel de la ciencia en la sociedad, sino porque quiero resaltar la contribución que las distintas formas de militancia hacen en favor de la integridad científica, la apertura de sus paradigmas o la denuncia de algunas prácticas.

También quiero destacar la presencia de la ciudadanía en algunas movilizaciones que han servido para hacer más porosos los muros de la academia, aminorar la influencia de las corporaciones o revisar la arrogancia de algunas intervenciones expertas. Sin esas militancias nos habría costado más avanzar en la dirección correcta y, al igual que hemos celebrado con justicia lo mucho que nuestro mundo debe a la ciencia, ha llegado el momento de reconocer la deuda que la ciencia tiene con quienes nos enseñan cada día, desde hace décadas, a construir un modelo de ciencia abierto a la ciudadanía, precavido con los poderosos y vigilante de los gestos mezquinos de sus integrantes.

Isabelle Stengers nos ha enseñado a lamentar la forma en la que Galileo defendió la ciencia moderna frente a la superstición de sus coetáneos. Para convencer a los escépticos, este inventó su *Diálogo sobre las dos nuevas ciencias*, que protagonizan tres personajes: un experimentalista rabioso, un tradicionalista fanático y un diplomático dialogante. La conversación entre ellos sigue un patrón exitoso: cada observación del moderno es discutida con argumentos estúpidos por el antiguo, dejando que sea el prudente tercer actor quien sistemáticamente se incline por los puntos de vista más frescos. Lo que Stengers lamenta es que para implantar la ciencia moderna hubiera que tratar con tanta crueldad a los que no la entienden o la combaten[22] y no comparte la forma en la que se obtuvo esa victoria. Por esta razón, continúa esperando que los científicos pidan perdón por haber querido destruir simbólicamente a quienes no les podían o querían seguir.

La soberbia de antaño coincide con la arrogancia de ahora. Haraway nos ha contado otra historia edificante.[23] Sabemos que Robert Boyle tuvo que hacer sus experimentos en lugares alejados de la mirada pública por temor a ser perseguido. Para lograr crédito entre las personas en las que confiaba, invitaba a esas sesiones a gente respetable que luego pudiera elogiar aquellas prácticas. Los experimentos, además de pedagógicos, intentaban ser desconcertantes. Una noche invitó a unas damas que fueron testigos de cómo unos pájaros morían en la cámara de vacío cuando la bomba sacaba el aire y ya no podían respirar: las mujeres protestaron porque consideraron aquella muerte una pérdida cruel e inútil. La reacción de Boyle fue anotar que en lo sucesivo no se invitaría a más mujeres a los experimentos con la bomba de vacío.

22. Stengers, 2006.
23. Haraway, 1997; Potter, 2001.

Lo que para muchos solo era una anécdota curiosa, para Haraway demostraba lo fácil que era para los científicos excluir a quienes podían criticarles. Tratar a aquellas mujeres de ignorantes, frívolas o reaccionarias es un error que, desde los orígenes de la ciencia moderna, comenten muchos científicos. Decapitarlas simbólicamente, excluirlas del espacio público o deshumanizarlas no destruye las ideas, sino las personas, hecho que nos amenaza a todos. La conclusión a la que queremos llegar se dice pronto: los científicos tienen mucho que aprender de su pasado y deben admitir con orgullo que aprendieron de sus errores y que deben a quienes los denunciaron una disculpa. Los herederos de aquellas mujeres indispensables son los movimientos sociales que nunca dudaron en denunciar los excesos y en abrir los procesos al mundo. En definitiva, aquellas mujeres anónimas están más vigentes que nunca y jamás fueron más necesarias que ahora.

3

LA CIENCIA INFORMAL, O LA PRODUCCIÓN DE CONOCIMIENTO EXTRAMUROS DE LA ACADEMIA

A quien le gustan las palabras, adora las metáforas. Algunas tienen un poder de evocación capaz de disparar la imaginación y arrastrarnos voluntariamente hasta donde quieran llevarnos. No importa que sean meras aproximaciones, para nada sirve que se nos advierta de su naturaleza embriagadora, ambigua y pasajera. La frivolidad también es seductora. Decir que el desarrollo del Software Libre siguió el modelo del bazar, repudiando el muy acreditado de la catedral, fue un hallazgo. La metáfora del bazar quería conquistarnos para una cultura menos jerárquica, burocrática y cerrada. En este sentido, Eric Raymond logró que muchos sintiéramos curiosidad y abrazáramos las prácticas *hackers* de lo horizontal, lo distribuido y lo abierto.

Las metáforas afortunadas tienen otras ventajas insospechadas: logran circular entre mundos inconexos, creando resonancias imprevisibles. Logran que el lenguaje se ponga de fiesta y que fluya sin control. Se comparten imaginarios que de otro modo se estancarían. Aquí nos interesa subrayar el hecho de que, con frecuencia, legos y expertos pueden compartir la misma metáfora, aunque usen lenguajes distintos. En efecto, las metáforas son pasarelas que hibridan la cultura de élite con la ordinaria. No solo hacen más hospitalario el mundo que habitamos, sino que también ayudan a explicar el respaldo inesperado que reciben algunas propuestas culturales.

La cultura libre, incluidas las tecnologías informáticas y de la comunicación, se imaginó como un bazar bullicioso, improvisado y festivo. Y es que el momento era muy oportuno, tras el Mayo del 68, cuando en el mundo del arte, de la música y de la literatura aumentaba el número de artistas, escritores e intelectuales atraídos por la propuesta de repensar el papel del mercado, el gobierno y el canon. No eran pocos los que querían construir una cultura menos dependiente del consumo, la fama y el dinero. Se notaba la presencia de quienes pensaban que el capitalismo banalizaba la creación. Lo *indie*, lo alternativo, lo *underground*, era sexi, contaba con mucho predicamento y su influencia se notaba en mundos insospechados.[1]

La promesa de lo abierto

Entre esos grupos insatisfechos con el estado de las cosas, se encontraban los científicos y las científicas. Nada lo prueba mejor que el desarrollo del Software Libre en los entornos de la bahía de San Francisco en la década de los setenta del siglo pasado. Para quienes defendían que el código que regula el funcionamiento de las máquinas no debía ser mercantilizado, como sucedía con las matemáticas, la comercialización de UNIX en 1979 por parte de ATT representaba una agresión sin precedentes a la idea de la ciencia como un bien común. De ahí nació la propuesta de promover las licencias libres para proteger el conocimiento de su apropiación por parte de las grandes corporaciones.

Desde esta perspectiva, la propiedad era un asunto crítico, pero había más. En la cultura disidente de entonces tenía mucho crédito todo lo que sonara a disgregado, promiscuo y libertario. Sabemos también que los militares, en plena guerra fría, buscaban un sistema de distribución de la información que no tuviera una cabeza a la que apuntar y que lo hiciera vulnerable. Y en esa pretensión coinci-

---

1. Newman, 2009; Whitson, Simon y Parker, 2021.

dían paradójicamente con las aspiraciones del movimiento *hippie*: lo distribuido, lo descentralizado y lo comunitarista encajaban plenamente con lo que necesitaba el Departamento de Defensa norteamericano. Y, claro, hubo mucho dinero para que se desarrollase una tecnología basada en lo informal, lo jovial y lo comunitario.[2]

No hace mucho Isabelle Stengers se quejaba de que la ciencia se había convertido en una actividad demasiado severa, imponiendo siempre respeto y nunca vinculada a lo placentero. Y aquí apareció la cultura de lo *hacker*, que era el nombre que se daba a prácticas que querían rescatar lo que en el aprendizaje hay de juego, lance y deleite. Además de dispares, bulliciosos y sencillos, los *hackers* querían ser auténticos, transparentes y desprendidos. En realidad, acabaron viéndose a sí mismos como los verdaderos herederos de Boyle y de los filósofos experimentales que a finales del siglo XVII crearon la ciencia moderna. Los académicos eran vistos por esta panda de *frikis* como gente cooptada por el poder y que había olvidado sus orígenes alternativos y altruistas.[3] Según ellos, *hackear* era indagar, descubrir y producir libremente, pero también reinventar, resignificar o reescribir el código impuesto a las tecnologías. Y, desde luego, lo que valía para las máquinas también podía generalizarse a las instituciones, los protocolos y los algoritmos: todo podía reestructurarse. En realidad, para un *hacker* todo debía ser reconfigurado y puesto al servicio del bien común. Y, en particular, los científicos no debían convertirse en propietarios.[4]

El conocimiento que se hacía desde sistemas cerrados era caro, oscuro e ineficiente. Fueron muchos los empresarios que se dieron cuenta de esta realidad, y no tardaron en encontrar aliados en muchos frentes distintos y todos convergentes en la idea de lo abierto.

2. Turner, 2006; Vettel, 2008.
3. Kelty, 2010; Soderberg, 2007.
4. Wark, 2005.

En 2005, se publicó un estudio basado en el análisis de 502.687 patentes solicitadas a la oficina de patentes norteamericana (USPTO) entre 2001 y 2003. Los resultados fueron muy preocupantes, pues probaron que los examinadores solo accedieron al 41 % de las referencias relacionadas con la posibilidad de que esas patentes ya hubieran sido concedidas. Y si la búsqueda se hubiera extendido a bases de datos no americanas, el porcentaje de referencias consultadas se habría quedado en el 10 %. Así las cosas, obtener una patente era como comprar lotería. Mucha gente consideró escandalosas estas cifras.[5] Sin ir más lejos, IBM, General Electric, Red Hut, Oracle y Microsoft estaban entre las compañías que querían más y mejores garantías. Y con el apoyo de la New York Law School crearon un nuevo sistema de concesión llamado Peer-to-Patent. Su explicación es sencilla: la solicitud se hace pública y si nadie reclama nada, la patente se concede.

En efecto, todos podíamos ser examinadores. Y funcionó. La conclusión entonces es clara: la cultura abierta es más fiable. Algunas cifras ayudarán a entender la complejidad del ecosistema de las patentes y la necesidad de explorar otras gobernanzas. En 2005 se presentaron ante la USPTO 35.000 solicitudes de patente para que las estudiara alguno de sus 4.000 revisores. El trabajo consistía en verificar que nadie tenía ya esa patente y en asignar la nueva a una de las 150.000 subcategorías en las que está dividido el mundo de la invención. Un dato más bastará para dejarnos boquiabiertos: las solicitudes presentadas basaban su petición en más de 8 millones de referencias a literatura científica acreditada.[6]

Las cifras son mareantes. Y ya vemos lo que significan, pues no solo son limitadas las bases de datos de los examinadores, sino que no tienen tiempo para hacer su trabajo. Se ha calculado que dispo-

5. Sampat, 2005; Sampat, 2006.
6. Noveck, 2006.

nen de unas 20 horas para decidir. No diremos que resuelve el azar, pero es muy difícil afirmar que la decisión es fiable. Peer-to-Patent (PTP), una web de *crowdsourcing*, evita muchos problemas, como el sesgo de que solo se busque en las cercanías del mundo en el que operará la patente solicitada evidencias de si ya se concedió previamente. Y no solo estamos hablando de cercanías geográficas o culturales, sino también temáticas y técnicas.

Por ejemplo, en 2001 apareció Innocentive, una compañía que ofrece a sus clientes la posibilidad de abrir los problemas pendientes de I+D que tengan a una comunidad de unos 380.000 solucionadores que voluntariamente ofrecen sus conocimientos a cambio de una recompensa. La idea surgió porque los Laboratorios Lilly, preocupados por la lentitud con la que sus científicos encontraban respuesta a un problema que les urgía, decidieron difundir el problema a todo el mundo. Y la iniciativa tuvo mucho éxito: en cuatro semanas recibieron 41 respuestas y se interesaron por la iniciativa 574 científicos de todo el mundo. El ganador resultó ser un finlandés de una especialidad que nada tenía que ver con el desafío publicado.[7]

En 2017, 16 años después de su fundación, Innocentive presume de un 83 % de éxito y de cifras espectaculares, pues ha contribuido a encontrar 62.000 soluciones para los 2.000 retos que ha gestionado. Hay otras plataformas que básicamente hacen lo mismo: abrir problemas, convocar expertos, cosechar soluciones y repartir premios. Y su éxito nos permite concluir que las multitudes han probado ser muy eficientes, más que las instituciones. Quizás no sea así para todos los asuntos, pero es indudable que estamos hablando de una informalidad que colma las necesidades tecnocientíficas de muchas empresas y distintas organizaciones.[8]

7. Lakhani, Jeppesen, Lohse y Panetta, 2007; Jeppese y Lakhani, 2010.
8. Travis, 2008; Giles, 2005.

Podría dedicar también muchos párrafos a describir los méritos del *crowdfunding*. No lo haré, porque no es imprescindible y porque algunos datos bastarán para hacer dudar a los más escépticos. En 2011 había 450 plataformas operativas que fueron capaces de movilizar unos 1.400 millones de dólares. Una cifra que dos años más tarde, en 2013, ya superaba los 5.000 millones. Kickstarter, nacida en 2009, ha gestionado ya 257.086 proyectos, recabado cerca de 8.000 millones de dólares y cosechado más de 94 millones de contribuciones. Los más entusiastas no se muerden la lengua y hablan de una revolución en ciernes basada en el despliegue de infraestructuras que abren la gestión del conocimiento a formatos, actores y procesos tan fluidos, abiertos y flexibles que hace dos décadas eran inimaginables.

También Wikipedia, otro monumento de la cultura libre en el que todos y todas podemos participar, debe ser mencionada. Conocemos bien los muchos intentos de vandalizarla y las muchas críticas de las que es objeto, especialmente por observadores que se resisten a considerarla una referencia obligada si la usamos como un mero punto de partida. Pero es que Wikipedia es solo un lugar por donde comenzar, porque es un proyecto en beta, nunca acabado y siempre en construcción. Y, en efecto, ha sido muchas veces sometida a escrutinio y resistido las comparaciones más exigentes. En 2005, *Nature* encargó a algunos de sus revisores habituales que aplicaran la técnica del *peer review* y compararan la calidad de contenidos de Wikipedia y de la Enciclopedia Británica. La conclusión fue que eran más o menos comparables.[9] Otros estudios parecidos y con la misma pretensión han evaluado los contenidos más sociales y humanísticos sin que variara la conclusión.[10] Y la consecuencia es clara: la cultura de pago no es más confiable que la voluntaria si

9. Giles, 2005.
10. Rosenzweig, 2006.

se desarrolla en un contexto abierto, crítico y neutral, como prometieron quienes la crearon.[11]

Es evidente que la ciencia, la innovación o el conocimiento no tienen un pleito con la gente. Al contrario, funcionan mejor cuando tienen a sus públicos a bordo. Es fácil decirlo ahora que contamos con las tecnologías de la llamada web 2.0 que dan soporte al manejo de tantos datos, la participación diacrónica y a la discusión plural. Hablamos de millones de usuarios, tsunamis de información y fenómenos de escala global. Impresiona lo rápido que sucedió todo. Los tiempos se aceleraron y los cambios van siendo imponentes. Las tecnologías ayudan, pero el cambio fue primero cultural y está asociado a nuestra capacidad para imaginar lo abierto y darle forma. Por ejemplo, Paul David nos ha enseñado que la revolución científica no fue un evento epistémico ocurrido en la cabeza de Kepler, Galileo o Newton; tampoco fue una revolución cognitiva, sino política y tuvo que ver con la capacidad de algunos cortesanos visionarios para imaginar otro mundo posible. Desde el siglo xvi se hizo evidente que los expertos en navegación, minería, armamento, cartografía, arquitectura, ingeniería o contabilidad, entonces considerados parte de las llamadas matemáticas mixtas, eran imprescindibles en el gobierno. Su criterio era clave y eso les daba un poder inesperado. Los cortesanos sospechaban que sus conocimientos eran incontrolables por quienes estaban más pendientes de la alcurnia que del talento. El tiempo les había convertido en inútiles y era normal que estuviesen preocupados. La solución obligaba a prescindir de la cultura del secreto. Entonces comenzó a visualizarse la posibilidad de que para proteger el conocimiento había que abrirlo. Y es que una vez hecho público, se exponía a la crítica de otros colegas, y eso aseguraba dos ventajas: la primera, que el conocimiento sería vigilado por quienes sabían; y la segunda, que el conocimiento podría ser

11. Cronon, 2014; Campbell, 2014; Lucassen y Chraagen, 2012.

corregido y mejorado. La ciencia entonces dejaba de ser un bien nacional para ser un bien común, es decir, algo que se hacía entre todos. Así es como Paul David explica que la revolución científica fuese una *open science revolution* en la que, por supuesto, no sobraban
los listos, pero que sucedió porque se multiplicaron exponencial-
mente las relaciones, las interpretaciones y las verificaciones.[12]

La cultura *hacker*

Como hemos visto, abrir el conocimiento multiplicó su potencia.
Y eso nos lleva a hablar de nuevo de los *hackers* y de sus prácticas:
release early, release often (libera pronto, libera frecuente). Este lema
condensa gran parte de la llamada ética *hacker* que popularizaron
Himanen y Raymond. La consigna invita a pensar en que el conocimiento no se guarde hasta que esté acabado y sea redondo, sino que
se libere cuanto antes para que otras personas puedan discutirlo y
mejorarlo. En definitiva, los *hackers* redescubrieron el valor de lo
abierto, es decir, de renunciar a los privilegios que el régimen neoliberal reserva para los autores originales. La originalidad que funciona como una autopista que conduce a la propiedad fue denunciada
como un cáncer que estaría amenazando el conocimiento.

Los *hackers* siempre han querido presumir de la forma en la que
obtienen las cosas. En consecuencia, lo que les convierte en actores
ejemplares no son los resultados, sino los procesos que inauguran.
Que sean altruistas no significa que no sean competitivos, pues libre no equivale a gratis. La comunidad que estaban construyendo
era tan eficiente como meritocrática. Desde luego, pueden presumir de resultados. Y pueden presumir mucho, más que la inmensa
mayoría de quienes se consideran portavoces de la excelencia, la

12. David, 2008.

meritocracia y la creatividad. De nuevo, tendremos que conformarnos con algunas cifras increíbles. A veces la aritmética también se pone de fiesta.

Seguro que todavía hay mucha gente que no ha oído hablar de GitHub, el repositorio que ha venido alojando el código de los proyectos *hackers* de todo el mundo: cualquiera que lo desee puede acceder a su contenido y usarlo en su beneficio. GitHub respeta las cuatro libertades que debe cumplir cualquier producto que se llame libre: libertad para leerlo, libertad para editarlo, libertad para cambiarlo y libertad para publicarlo. Sí, exacto: para ellos toda la ciencia debería ser libre. Y es que siempre lo fue hasta la Bayh-Dole Act (1980), que expandió los derechos de propiedad intelectual a los descubrimientos y no solo a las invenciones. Desde entonces, la ciencia está amenazada por la avaricia disfrazada de filantropía. Los defensores de esta expansión exagerada de la propiedad siempre nos dicen que sin retornos no habría inversiones y se acabaría la ciencia, pero el argumento es discutible, porque los datos que dan cuenta de las aportaciones que han hecho los *hackers* contradicen a quienes afirman que otro mundo no es posible.

Sin ir más lejos, en 2017 GitHub reunía a 24 millones de desarrolladores y alojaba 67 millones de proyectos, de los cuales 23 millones habían estado activos en los últimos 12 meses.[13] La plataforma se había marcado el objetivo de alcanzar 100 millones de usuarios en 2025, pero llegó a esa cifra antes y pudo celebrarlo en enero de 2023. Solo en 2022 se registraron más 413 millones de contribuciones de código abierto y también sabemos que casi la totalidad de las empresas de la lista Fortune 100 utilizan GitHub habitualmente. Para quienes todavía sospechen que la cultura abierta no es sostenible, basta con recordarles que GitHub fue comprada por Microsoft en 2018 por 7.500 millones de dólares y que, pese a man-

---

13. Dabbish, Tsay y Herbsleb, 2012.

tener la misma estructura que la hizo atractiva en el mercado, desde entonces genera cada año beneficios cercanos a los 1.000 millones.

Llegados a este punto, queda claro que lo que la ciencia le debe a los *hackers* no es cuantificable. Y es que todo lo que hoy evocamos con el concepto de ciencia abierta se lo debemos a ellos. Cuando nadie hablaba de esas cosas por miedo a ser acusado de radical antisistema, los *hackers* llevaban décadas practicándolo. Ellos no solo nos ofrecieron el navegador Firefox, el servidor Apache, la *suite* ofimática Open Office o la plataforma WordPress que sostiene el 42,7 % del total de páginas web existentes, sino también Debian, la roca sobre la que se asienta buena parte del ecosistema Linux, con 419 millones de líneas de código, frente a los 45 millones de Windows XP y los 86 millones de Mac OS X.

A los *hackers* también debemos la creación y liberación de los lenguajes de programación R, Python y PSPP. A través de la Public Knowledge Project (PKP) han desarrollado el Open Journal Systems (OJD) o Directory of Open Access Journals (DOAKJ) y, más recientemente, siguiendo la estela de Aaron Swartz, se abrió Sci-Hub, un repositorio de 100 TB de tamaño que aloja más de 88 millones de artículos científicos libres de descarga. El uso que se hace de esa base de datos es masivo: desde China se descargan al mes 23 millones de archivos y desde Estados Unidos de América cerca de 9 millones. Le siguen en este *ranking* Francia (4,2), Brasil (2,2), India (1,6) Indonesia (1,1) y Alemania (0,9). No abundaré en esta dirección.[14] puesto que ya se ha escrito mucho al respecto. Pero no me cabe la menor duda de que muchos indecisos sentirán curiosidad por saber cómo ha sido posible hacer tanto en un régimen gestión basado en la economía del don.[15] Sin embargo, como no puedo resistirme, daré otras cifras también gigantescas.

---

14. Himmelstein *et al.*, 2018; Correa *et al.*, 2022.
15. Benkler, 2017; Bollier, 2016; Bauwen y Niaros, 2017.

Usando la metodología Constructive Cost Model (COCOMO), habitual en los proyectos de ingeniería informática, se ha podido estimar el coste, a precios de mercado, de esta producción extraordinaria. Los datos son asombrosos: por un lado, el desarrollo de Debian 3.0, con 105 millones de líneas de código, hubiera costado 3.625 millones de dólares y requerido la participación de 26.800 personas-año para su producción. Es innegable que, aunque solo fuera por estas cifras, el mundo del Software Libre merece más atención de la que nuestras instituciones le han otorgado.[16]

Muchos se preguntarán qué gana quien dedica su tiempo e inteligencia a contribuir en proyectos asociados con la cultura libre. La respuesta es muy parecida a la que dan quienes colaboran en organizaciones de voluntariado: conocer gente especial, trabajar en equipo, aprender mucho en el hacer con otros, habitar un espacio colaborativo, sentir que contribuyes a cambiar las cosas a mejor, y, sobre todo, compartir la alegría de dar sin esperar nada a cambio. Y, ya lo hemos dicho, pertenecer a un espacio sin jerarquías, sin burocracia, sin competición y con libertad de horarios, sin que una vinculación esporádica, intermitente o irregular represente un problema irresoluble. La condición de informal, junto con la de jovial y abierto, parece ser la clave del éxito de este tipo de compromisos y gobernanzas.

Aunque ya he hablado de Wikipedia, mostrando que no todos los proyectos que nos interesan están vinculados al código, quiero ahora dedicar unos párrafos vinculados con la llamada geografía crítica o neogeografía. Nos referimos a formas de representar el territorio nacidas de bajo arriba (*bottom-up*), justo porque quieren represar una realidad que ha sido invisibilizada o que corre riesgo que quedar oculta. Y, cuando eso ocurre, quienes la practican hablan de territorios que son más prescritos que descritos, ya sea porque ocul-

16. Amor-Iglesias, *et al.*, 2005.

tan conflictos o porque muestran los territorios solo como un recurso. Y es que muchas veces los mapas son más importantes por lo
que ocultan que por lo que muestran. En este sentido, un mapa no
es más que la representación de un territorio donde se muestran las
distancias entre ciertos puntos y las rutas que los comunican. A veces, también cuentan cosas relacionadas con la vegetación, la oro-
grafía y algunos servicios. Nada nos impide, sin embargo, que que-
ramos representar territorios simbólicos y describirlos mediante
parámetros que midan otras distancias, distintas de los kilómetros
que separan un lugar de otro.

Es obvio que el espacio puede ser visto como relacional y no
como un mero contenedor de casas, montañas o rutas. Podemos
imaginarlo como algo vivo y vibrante que surge de la interacción entre los que lo habitan y que incluye no solo a los actores humanos,
también puede incorporar a los animales y demás especies vivas,
además de a los actores no humanos. Inyectar en el espacio euclidia-
no, ese que se construye con teodolito, escuadra y cartabón, con vivencias nacidas de nuestra propia experiencia y darle forma al espacio relacional, puede considerarse una forma de *hackear* la geografía.
Es un modo de reinventar el espacio con unas prácticas y unos pro-
pósitos que no quieren ponerlo al servicio de tecnócratas, especula-
dores y extractivistas. Los ciudadanos que se atreven a desafiar la
geografía canónica se convierten en sensores de su propia vida y vecinos de otra verdad a la que se llega mediante distintos itinerarios.

Fue la Ilustración quien nos enseñó a establecer una drástica
distinción entre cultura y naturaleza. A un lado colocó todo eso que
parecía civilizado, admirable e imbuido con el buen gusto; en el otro
colocó lo salvaje, lo amenazante y lo primitivo. El mundo indígena
quedó borrado de un plumazo: nada había que aprender de sus
modos de existencia. Contrariamente, la crisis climática, el desplome de la biodiversidad y la degradación acelerada del medio am-
biente nos ha obligado a preguntarnos si hay otros modos de hacer

las cosas. Ahora ya no buscamos respuestas por curiosidad, sino por pura necesidad. Por esta razón, contamos con miles de estudios que han explicado con detalle las muchas crisis que provoca la minería extractivista, la ganadería extensiva, la agricultura industrial o el uso de sustancias tóxicas. Todos ellos dieron sobrados motivos para que surgiera una geografía crítica que hizo visibles los intereses, los espacios y los distintos actores en escena. A quien le puedan interesar tales abordajes, no quedará decepcionado por la calidad de la literatura publicada. Contamos también con abundantes estudios sobre los mundos de la emigración, la exclusión y la precariedad en nuestras ciudades. Todos ellos también hacen robustas las nuevas formas de abordar el territorio. En términos generales se trata de investigaciones abiertas a la participación de los concernidos y, en consecuencia, dan voz a quienes de otro modo quedarían sepultados bajo las cifras, los conceptos y las gráficas. Es una geografía que no rehúye los conflictos.

Nadie duda de que todas ellas son epistemologías de resistencia, disidentes o militantes. No discutimos aquí su relevancia, su consistencia o su urgencia. La neogeografía contribuye a hacer de este mundo un lugar más hospitalario. No basta con reconocer que la ciencia es muy importante. Nuestras ciudades cuentan con numerosos espacios donde se rinde culto a la proeza civilizatoria que tanto admiramos. Creo, sin embargo, que esos espacios son mezquinos a la hora de asignar algún valor a todas estas formas de ciencia disidente que tratan de cambiar las cosas para mejor. Pero, por suerte, hay formas de relacionarnos con el territorio que pertenecen a otra ontología, más que a distintas epistemologías. Common Ground, nacida en 1983, agrupa a gentes que quieren sentir cada trozo de su territorio como parte de su propio cuerpo. Quieren descubrir lo que de singular hay en el lugar que habitan. Están aprendiendo colaborativamente a escuchar pájaros, mirar plantas, tocar piedras, sentir el paisaje, respirar el aire, ensoñar los vínculos, encontrar palabras, descubrir momentos, nombrar diferencias, decir emociones y experimentar lo ordinario. Trabajan con artistas y se mezclan con científicos, pero lo que buscan no es ser brillantes, creativos o innovadores, porque han renunciado a la idea absurda de que, para entender el entorno, lo primero que hay que hacer es salirse de él.

Ellos solo quieren recuperar las profundas relaciones de dependencia que los humanos tienen con su entorno, es decir, ser humanos otra vez. Tal vez solo así puedan dejar de ser herederos de la Ilustración, aunque pagando el precio de que una parte de la sociedad les llame reaccionarios, nostálgicos o catetos, y quiera expulsarlos del banquete civilizatorio. En Common Ground se ven como una modernidad alternativa. No quieren pensar sobre la naturaleza, sino desde la naturaleza. Y eso implica otras formas de mapearla que, en realidad, superen la división cultura-natura y que olviden el gesto antropocéntrico. Los mapas que han producido tienen poco que ver con eso que se enseña en la academia. En 1996 disponían ya de varios miles de mapas, y no hacen muchos para mejorar su precisión, sino porque cosechan la diferencia que somos y no repudian las contradicciones, las vaguedades o las intermitencias.[17]

Sin duda, estas geografías se parecen mucho a las que conocemos de los indígenas que nunca han aceptado ser distintos ni mejores que el resto de los seres vivos con los que conviven. Ahora que hemos aprendido a escuchar a quienes hablan en nombre de la ciencia indígena sin juzgarlos y estamos tratando de encontrar inteligencia en esas otras ontologías, también vemos en Common Ground algo más que otro movimiento neorural, benevolente y tradicionalista.[18]

Si los *hackers* luchan por reescribir el código que regula nuestra relación con las máquinas, incluidas las instituciones y sus protoco-

17. Crouch y Matless, 1996; Devine-Wright y Batel, 2019; Smith, 2016.
18. Mabey, 1980.

los de actuación, también cabe imaginar la reconfiguración del código que marca nuestra relación con la naturaleza, no como un afuera para ser estudiado, pintado o explotado. Podemos reconstruirnos como personas que no ven su entorno como un objeto, sino que se ven parte de ese entorno, compartido por la persona río, la persona bosque o la persona viento. Personas que ven su cuerpo como el territorio de la ancestralidad. Que son territorio, que son agua, que son vegetales, que son aire y, en fin, que son vida.[19]

Reconozco que mezclar en tan pocas páginas a los *hackers* de San Francisco con los indígenas de Arizona y los *hipsters* rurales ingleses es mucho atrevimiento. Incluso puede que haya quien lo califique de un intento de *hackear* el relato canónico, romper con ciertas formas de argumentación y abrirnos a la posibilidad de conexiones improbables. Si es así, no me lo pienso tomar como una crítica, sino como un ingrediente distinto para el guiso, un nuevo hilo con el que coser, otro instrumento con el que componer y, en fin, una nueva voz que escuchar.[20]

Ciencia informal y *biohacking*

Llegados a este punto, fuera bueno que los escépticos recordaran que estamos hablando de ciencia informal. O, dicho con otras palabras, de algo que sucede sin los filtros, controles o trámites que impone la burocracia institucional. Pero, aunque sea informal, puede ser contrastada. Algunas cosas informales, como Debian o Wikipedia, han probado ya mil veces que hablamos de monumentos a la inteligencia colectiva, abierta y distribuida. No hay duda tampoco de que todo eso que nos cuentan los indígenas acerca de lo que

19. Smith, 2017; Gilbert, 2014.
20. Haraway, 1992; Are; 2018.

(les) pasa en su mundo es fruto de una experiencia compartida, probada y secular: no actúan al tuntún y saben lo que hacen. Tenemos que ser más humildes y reconocer que es seguro que tienen buenos motivos para hacer cosas distintas. El reto no es evangelizarlos, alfabetizarlos o musealizarlos, sino reconocerlos, comprenderlos y, si podemos, amarlos.

Recuerdo una vez que le preguntaron a Antonio López, un minucioso pintor hiperrealista, quizás enfadado con la deriva experimental del arte actual, cuándo se acaba un cuadro. Dijo que un cuadro se acaba cuando hay otro que te llama con más fuerza: cuando, a su juicio, la pintura que estaba «bordando» ya contenía todo lo que quería contar. Y aquí —siguiendo esta lógica —todavía quedan cosas por añadir. Por este motivo, me gustaría mencionar otros *hackeos,* poner en valor otras actuaciones informales que hicieron contribuciones decisivas a la intelección del mundo que habitamos y eso es lo que haré a continuación.

Por ejemplo, Fukushima permanecerá por mucho tiempo en nuestra memoria. Los datos podemos recordarlos pronto. El 11 de marzo de 2011, a las 2:26 p. m. horas se produjo un terremoto en Japón de 9.0 puntos en la escala Richter. A las 3:35 p. m. la costa japonesa fue alcanzada por un tsunami que provocó una catástrofe nuclear originada por la fusión de los núcleos 1, 3 y 2 de los reactores nucleares en la central de Daichi. TEPCO, propietaria de la central y con el beneplácito del gobierno, decidió restringir la información, alegando que no quería inquietar a la población. Estamos hablando, lo recordamos, de dosis de radiación sumamente peligrosas y de actitudes que hicieron sospechar a todo el mundo que lo único que les importaba era salvar el negocio corporativo y la imagen de país. Se ordenó una política de *NO DATA*, algo que llegó a inquietar a otros estados que no sabían bien a qué atenerse.

Tanto secretismo hizo la situación insostenible y no tardó en aparecer un grupo de *hackers* que hizo suyo el problema. Así, en pocos días se organizaron para contrarrestar ese silencio por decreto. Safecast nació como una organización internacional que hoy se define como de ciencia ciudadana e interesada en recopilar y gestionar datos de radiación de alta calidad. Su primera aportación fue el diseño de un contador Geiger de bajo coste y para su producción se ofreció el Tokyo Hackerspace, que además desarrolló el software necesario para mapear los datos. Los costes pudieron sufragarse mediante una campaña de *crowdfunding* en Kickstarter.[21] Lo sorprendente es que en medio de aquel caos y en muy pocos días se fabricaron y distribuyeron los contadores, además de instruir a los ciudadanos para que se ocuparan de hacer las mediciones. Acabaron ofreciendo al mundo hasta 424 torrentes de datos, que fueron elogiados por muchos estados y algunos organismos internacionales.

El mapa dinámico de radiactividad ofrecido no solo se hizo con datos fiables, sino que construyó un espacio público nacido del ensamblaje de *hackers* pertenecientes a distintos países, herramientas producidas por una comunidad internacional, recursos aportados por ciudadanos que no aceptaron el paternalismo del Gobierno japonés y vecinos de las poblaciones cercanas a Fukushima que querían estar seguros de que su vida y la de sus compatriotas no estaba en peligro. En efecto, el Gobierno japonés hizo dejación de responsabilidades, además del ridículo y toda la prensa internacional le afeó su conducta. En consecuencia, muchos ciudadanos se preguntaron si era aceptable que los políticos, cualquiera que sea el motivo, pueden decidir qué información se debe difundir, edulcorar u ocultar a la población. Hubo mucha discusión alrededor del llamado «derecho a saber» que, desde luego, pone en cuestión el monopolio del gobierno respecto a la información en caso de catástrofes. El asunto no es si puede o no tenerlo, sino en qué condiciones una decisión de esa envergadura es aceptable. O, dicho con otras pala-

---

21. Abe, 2014; Hultquist y Cervone, 2018; Brown *et. al*, 2016.

bras, quién, cómo y dónde debe controlar al gobierno para que no se repita una actuación tan vergonzosa y contraria los valores democráticos.[22]

De ejemplos como el que acabo de narrar hay muchos y no nos detendremos más tiempo en ellos, porque todos se ajustan a un patrón parecido. El resumen de todo ello es que los ciudadanos de distinta procedencia son capaces de autoorganizarse mediante pequeñas infraestructuras y ofrecer respuestas eficientes a problemas para los que el estado o el mercado no tienen respuesta, muchas veces porque se trata de soluciones que cuestionan los modos de proceder canónicos. Lo que merece ser destacado es la emergencia de una infraestructura capaz de sostener una acción colectiva que se hace con condiciones precarias, contribuciones minúsculas, capacidades dispersas, dedicaciones intermitentes, gobernanzas abiertas, prácticas experimentales y relaciones afectivas. Funcionan por ser (casi) improvisadas, altruistas e informales: sin reglas, sin jefes ni organigramas. No obstante, siempre siguen una hoja de ruta, un plan que se adapta a las circunstancias locales y que nunca trata de imponer su lógica burocrática a la realidad.

Hay otra historia que me gustaría contar y que procede del mundo del arte. Vamos a referirnos al Critical Art Ensemble de Nueva York, un colectivo que tiene una concepción de lo artístico que nada tiene que ver con lo museístico, lo virtuoso o lo excepcional. Entre sus actividades han destacado las intervenciones relacionadas con el *biohacking* y, al igual que otros muchos artistas, están trabajando con biomateriales como un modo de expresión o, dicho con otras palabras, están experimentado en la frontera de la ciencia sacando el laboratorio a la calle, promoviendo obras que discuten lo que es la vida, la propiedad y la ética. Estamos hablando entonces de gentes que usan las herramientas, los protocolos y las prácti-

---

22. Jasanoff, 1988; Hadden, 20121; Watson, 2021.

cas de la bioquímica para hacer cosas inesperadas. Los bioartistas no son científicos, aunque pueden hablar su lenguaje, sino actores culturales. Han descubierto un mundo que pone nerviosos a los gestores y críticos culturales. El arte vivo resulta subversivo, además de feo. Los materiales con los que trabaja son los mismos que utilizó la evolución y, para los conservadores, el propio Dios. Su «paleta de colores» abre la caja de pandora. Es como si el arte volviera a ser peligroso, subversivo e incontrolable. Opera entonces como un ámbito desde el que cuestionar lo canónico y donde todavía se pueden experimentar las relaciones entre arte y ciencia, tecnología y cultura o público y privado.[23]

Por ejemplo, en 2004 el servicio de urgencias de Nueva York recibió la llamada de Steve Kurtz, un hombre que desde su casa solicitaba ayuda porque su esposa estaba gravemente enferma. Ella se llamaba Hope Kurtz y estaba casada con uno de los fundadores del CAE. Cuando los servicios de urgencia llegaron, observaron que se trataba de un domicilio muy inusual, pues encontraron algo que se parecía sobre todo a un laboratorio. Como Hope estaba muerta y sospecharon del marido, llamaron a la policía, quien no tardó en avisar a los servicios secretos. Estos pensaron que habían dado con una célula bioterrorista y así comenzó un calvario que duraría varios años. En primer lugar, secuestraron el cuerpo de la fallecida y después de esto hasta cinco agencias de seguridad norteamericanas distintas identificaron y examinaron el apartamento.

Sin lugar a dudas, este caso muestra cómo el amateurismo ha sido históricamente criminalizado. Y dado que se decretó el secreto del sumario nadie pudo hacer pública la situación. Tardaron más de cuatro años en devolverle sus pertenecías porque, pese al empeño, no pudieron demostrar nada que no supieran desde el primer momento. Solo eran una especie extraña de artistas, rodeados de

---

23. Mitchell, 2015; Delfanti, 2013.

objetos que los servicios secretos clasificaron según dos categorías: basura y relevantes. Para defenderse, los amigos de Steve Kurtz hicieron un vídeo, «Strange Culture», que especula todo el tiempo con la idea de qué hacer con las cosas que encontramos fuera de lugar, ubicadas allí donde no esperamos encontrarlas, situadas en un entorno que desafía las reglas del sentido común.

Sin embargo, la persecución a la que está sometido el bioART también lo hace públicamente visible. Los artistas descubrieron que el espacio del museo permite experimentar con las leyes, incluidas las de la propiedad intelectual.[24] *Molecular Invasions* es un proyecto donde se trataron las semillas transgénicas *RoundUp Ready* para revertir la ingeniería genética que las había hecho susceptibles de ser apropiadas por Monsanto, y devolverlas al bien común. Todo se hacía a la vista de los «visitantes» del museo y hasta contando con su participación. La ingeniería inversa dejaba de ser delito porque CAE la había convertido en una obra de arte. Su propuesta de experimentación para promover un sabotaje táctico no dejó a nadie indiferente, puesto que probaba que las semillas eran instrumentos políticos y que operaban como una verdadera invasión colonial de los campos originarios.

Steve Kurtz explicó varias veces que su propuesta era convertir los museos en un espacio para el amateurismo científico que transformara la esfera pública en una verdadera esfera oposicional, donde fuera posible desafiar las leyes de la propiedad y mostrar su condición de objetos jurídicos al servicio de intereses corporativos. Ahora que tanto se habla de ciencia ciudadana o de cultura científica no vendría nada mal que fuéramos capaces de pensarla como una forma de devolverle a la ciudadanía cierto control sobre los objetos que usamos o, mejor dicho, que nos utilizan, condicionan y nos explotan. Tampoco estaría mal que estas derivas, experimenta-

24. Costa, 2008; Kelley, 2016.

les como las imaginaron los situacionistas para entender ese arte-facto que llamamos ciudad, promovieran una cierta noción de so-beranía tecnológica. Más que acercar la ciencia a la ciudadanía, estaríamos abogando por lo que Isabelle Stengers ha llamado una inteligencia pública de la ciencia. O, dicho con otras palabras, una conciencia acerca de la importancia de que no dejemos estos asun-tos en manos de expertos, pues está en juego nuestra libertad.

En definitiva, los laboratorios de arte —o el bioART— forman parte de ese mundo que ha hecho de lo informal su razón de ser y que está tratando de reescribir un código que las instituciones ta-chan de híbrido, de remezcla o de promiscuo. Para su desarrollo, jamás concebido como hegemónico, necesitan un sistema operati-vo que no pueda ser cooptado por las grandes corporaciones ni por ningún sistema totalitario, lo que implica muy sesudas reflexiones sobre la noción de propiedad y de bien común. Los análisis han de ser inteligentes, sin renunciar a la levedad, la inclusividad y la fun-cionalidad. Y, sin embargo, lo más importante no son los resultados que se obtengan, sino la forma en que se alcanzan.

4

LA CIENCIA COLATERAL, O LA IMPORTANCIA DE LO TÁCITO, LO EXPERIENCIAL Y LO MARGINAL

La ignorancia también se produce y nace de nuestra voluntad permanente de crear orden, sentido o verdad. Cada vez que delimitamos fronteras siempre se nos queda algo fuera; y todo eso que sobra, que no encaja, que es feo, deforme o sucio, pasa a la condición de residuo. La ignorancia es como la basura: cuanto más abundante es lo que desechamos, más sospechosa es la abundancia que la produce. No se trata de una contradicción entre lo que tenemos y lo que sobra, sino de una antinomia, como nos enseñó el filósofo marxista Fredric Jameson. Trasladado a nuestro caso, esto se traduciría en que, cuanto más pujante es nuestra llamada sociedad del conocimiento, mayor es la ignorancia que nos rodea y, en consecuencia, más modos de existencia quedan relegados a la condición de idiotas, bárbaros o legos. Bien lo sabía María Zambrano, y nos lo explicó de la forma más poética: sin resentimiento contra los modernos, trabajó en la certeza de que es imposible iluminar nada sin dejar sombras. Mas aún, cuanto más potente sea el foco, más nítida será su sombra. Gaston Bachelard lo dijo de una forma también muy hermosa: «los científicos siempre trabajan con las sombras por delante y no, como quería Descartes, deján-dolas atrás».

Ciencia colateral

Como hemos visto, luz y sombra se coproducen y lo mismo le sucede a la sabiduría y a la ignorancia: también se necesitan y se complementan. Podemos conocer nuestro mundo estudiando sus excrecencias mejor que sus excelencias. Lo que tiramos nos representa tanto como lo que guardamos y, además, hay mucha gente que afirma estar segura de que lo que abandonamos es más representativo, pues todo eso que desechamos deja de estar entre algodones, se nombra sin primor o se cuida con celo.[1] Personas, pensamientos, prácticas o cosas que creíamos insustituibles se nos muestran ahora sin paliativos, sin retoques y sin verborrea. Los abandonamos a su mediocridad, finitud y vileza.

Aunque parezca paradójico no es desproporcionado confiar en que tal vez nos defina mejor lo que desestimamos que lo que amamos. En el mundo del conocimiento abundan también los textos que están llamando la atención sobre conceptos como lo prohibido, lo oculto, lo abandonado o lo ignorado. De pronto estamos descubriendo que hay muchas cosas que no sabemos porque dedicamos los recursos a saber otras. Incluso a nadie le sorprenderá leer aquí que se invierte mucho dinero en tapar cosas, cerrar puertas, desviar la mirada o fabricar penumbra. En efecto, producir incertidumbre es un negocio próspero y hasta aumenta el Producto Interior Bruto. Habrá quien lo considere estratégico y, al mismo tiempo, habrá quien lo vea luminoso y encenderá la luz para crear más sombra.

Por ejemplo, respecto al cáncer de mama, ya mencioné algunas de las sombras que pudieron aclararse. Ahora voy a ser más explícito y voy a poner toda la atención en mostrar cómo lo colateral, lo apartado, puede ser el material con el que hacer cosas importantes en materia de ciencia. Lo colateral está conformado por todas esas experiencias, pruebas, trazas, síntomas, sensaciones que cuando las escucha un

1. Kennedy, 2012.

experto son ignoradas. Lo colateral es la basura del conocimiento empírico. Solo son detritus, ruidos, humo, mugre o apariencias. Nada que merezca atención. Y es que detenerse en lo inservible es de idiotas y, si se insiste, puede que de los reproches se pase a las acusaciones y sea uno tildado de criminal. Si un experto te explica que estás equivocado y que tus supuestas convicciones se basan en falsas o incompletas evidencias, se espera que te comportes como un buen ciudadano y agradezcas el tiempo que se te ha dedicado, antes de callarte: porque un ciudadano ejemplar sabe cuándo sobra y cuándo enmudecer. Si uno insiste, si no se retira a tiempo o se cuestiona la autoridad de quien la ganó por oposición, elección o nacimiento, se corre el riesgo de ser llamado radical o conflictivo. Uno se arriesga a ser cancelado y «tirado» a la basura. No entender algo es de humanos, pero no querer entender es rebeldía y tiene castigo. En definitiva, nunca sale gratis.

Hay mucho conocimiento salido de las excrecencias y no de las excelencias. Las sobras no solo nos desafían, también son el único material abundante, accesible y gratis con el que construir algo nuevo. La autoconstrucción tiene mucho que ver con la capacidad para aprovechar las sobras. En los mundos alejados de la sociedad de consumo se aprovecha todo. Nuestros abuelos todavía pertenecían a una cultura en la que no podía sobrar nada. Más recientemente, hemos hablado mucho de sostenibilidad vinculando nuestro futuro al reciclaje, la restauración y la lucha contra la obsolescencia programada. Y, desde luego, ya hay inmensos negocios alrededor de la basura. Gestionar la basura es inevitable para quienes les interese el porvenir. La basura se come el futuro y para no ser devorados por nuestros desperdicios tenemos que renunciar al futuro: «Menuda antinomia», diría Fredric Jameson.

La producción de estándares y el diseño de biopolíticas son una combinación explosiva.[2] El reduccionismo científico obliga a traba-

2. Lemke, 2011; Lazzarato, 2002; Braun, 2007.

jar con pocas variables y, por ende, da mayor valor a lo que tiene más consecuencias; las biopolíticas, por su parte, asumen la necesidad de normalizar prácticas y protocolos, lo que equivale a estandarizar los cuerpos imaginando que todos reaccionan más o menos igual frente a lo que comemos, bebemos o respiramos. Y aunque así sea para la mayoría de la población, siempre queda un porcentaje de ciudadanos que se sienten excluidos. Y ese porcentaje no para de aumentar. Y es que cada vez son más las personas que padecen alguna enfermedad crónica, huérfana o sin diagnóstico. No faltan tampoco las personas con diagnóstico que se sienten estigmatizadas o que no responden al tratamiento. Junto a ellas, están quienes sufren cualquier forma de padecimiento mental o de adicción. Hay estudios que concluyen que el 10 % de los norteamericanos son adictos al alcohol, el sexo, el juego o las drogas. Ciertamente, sabemos muy poco sobre esta gente que sufre en silencio y no debería sorprendernos que se sientan desahuciados: las cifras son tan espectaculares que deberíamos hablar de una epidemia de fragilidad.

No son pocos los que saben o intuyen que el origen de sus males está asociado a la toxicidad ambiental, las malas condiciones laborales o la cultura de la competición. Los concernidos, los afectados y sus afectos se sienten maltratados y más que pena sienten rabia: porque quieren ser escuchados. Exigen que cesen los privilegios que autorizan a las corporaciones a degradar el medioambiente o a endurecer las condiciones de vida y reclaman derechos que corresponde a nuestros gobiernos reconocer. En este caso, es indudable que el sector público no puede hacer dejación de sus responsabilidades.

El progreso de la desregulación se ha convertido en un verdadero cerramiento de los bienes comunes por la vía de la desposesión.[3] Cada derecho que se pierde representa un avance neoliberal: las corporaciones ganan y los ciudadanos son desposeídos, pues sus

---

3. Harvey, 2011; Harvey, Lien, Nyquist, 2024.

hijos no heredarán esos derechos que aseguraban la educación, la sanidad, la seguridad, la igualdad y la solidaridad. Somos más pobres, porque además estamos perdiendo otras cosas que creíamos seguras como la privacidad y el olvido, el aire limpio y la información contrastada o el trabajo no forzado y la comida sana. No obstante, en medio de una situación tan compleja, hay mucha gente que no se resigna y ha encontrado la forma de transitar desde la protesta a la propuesta. Han aprendido a trabajar con las sobras y a construir iniciativas viables, ofreciendo soluciones admirables. Están abriendo caminos insospechados y, de algún modo, demuestran que no solo quedan soluciones individuales por explorar: la acción colectiva no es una estrategia residual y obsoleta, sino una fuerza plenamente actual e innovadora.

Expertos en experiencia

Hace muchos años que Michel Callon puso su mirada en las actuaciones de los integrantes de la Asociación Francesa de Miopatía (AFM, 1953). Descubrió que los miópatas franceses habían encontrado la manera de recabar fondos abundantes para diseñar su propia manera de hacer las cosas. Lograron tantos recursos que pudieron fundar varios hospitales y financiar un porcentaje muy importante de la investigación francesa en genómica. Es decir, que se convirtieron en un actor relevante en ciencia y, en consecuencia, tuvieron la oportunidad de imaginar otros modos de hacer las cosas. De este modo, dejaron de ser una organización complementaria o subsidiaria del sistema de salud francés y se convirtieron en una asociación reflexiva y crítica. O, dicho con otras palabras, como el dinero era suyo, también lo fue la autoridad: fue así como contrataron a expertos con la condición de que su trabajo consistiera en escucharlos. El objetivo era que, entre todos, la dolencia vivida se convirtiera en el fundamento desde el que construir síntomas validados por la medicina y corroborados por la experiencia del propio cuerpo de los concernidos. Los enfermos fueron entonces coproductores de su enfermedad, porque a partir de esos intercambios encontraron el lenguaje con el que hablar de lo que les pasaba, así como de las terapias que mejor se ajustaban a la situación de los concernidos.

Como es lógico pensar, el desafío que asumieron todos los actores intervinientes no era fácil, puesto que para unos se trataba de renunciar al viejo monopolio de la verdad del que habían venido disfrutando los expertos; y para otros, aceptar la necesidad de afinar las propias sensaciones para identificar con otros pacientes qué podría ser calificado como síntoma y cómo actuar. El gesto que se les pedía a todos era ser menos reduccionistas y más situados. Los pacientes, dice Callon, se convirtieron en expertos en experiencia, un concepto que daba dignidad a los saberes legos y que quería acortar la enorme distancia que separaba a médicos y enfermos.[4]

De alguna forma, todos somos expertos en experiencia. Todos sabemos mucho de los que sucede en nuestro cuerpo, nuestra calle y nuestro pequeño mundo laboral, urbano y familiar. No lo sabremos todo, pero sabemos más de lo que sospechamos. No es que todo lo que sabemos sea verdad, sino que en todo lo que expresamos hay mucho conocimiento y un poco de inteligencia. No aprovechar ese conocimiento es un despilfarro que no podemos permitirnos y, aunque no vaya a ser fácil, será necesario, porque cada vez será más urgente incorporar en los procesos de producción de conocimiento los saberes experienciales, locales, situados, ancestrales, indígenas o, genéricamente, tácitos o no codificados.[5]

El ejemplo contado nos muestra cómo los miópatas no se resignaron a ser basura. Ni ellos como personas, ni sus experiencias

---

4. Callon y Rabeharisoa, 2003 y 2008.
5. Pols, 2013.

como recurso. Su condición de minoría les abocó a ser abandonados por el estado (no prometían votos) y por el mercado (no prometían ganancias), pero eso no les sacó del mapa ni les puso en un lugar donde no molestaran con sus quejas, dolores o deformidades. Lo emocionante es que esas cosas desagradables, inconexas y confusas fueron el material con el que construyeron nuevas epistemes. El resultado fue que no solo dieron esperanza a quienes como ellos se sentían abandonados, sino que enseñaron, también a los científicos, que otra ontología era posible. Gracias a ellos, sabemos ahora en qué sentido podemos llamar conocimiento a lo que antes decíamos que era ruido, contratiempo y emoción.

En este sentido, otro caso paradigmático fue el de Lorenzo Odone. Conocido porque su historia llegó al cine, nos sirve para entender cómo funcionan las instituciones cuando los concernidos no aceptan el dictamen de los expertos. En 1983, Lorenzo fue diagnosticado con adrenoleucodistrofia (ALD) una grave enfermedad infantil con muy corta esperanza de vida. Los padres no se resignaron y decidieron buscar remedios donde los hubiera. La película mostraba cómo, en muy poco tiempo, el salón de los Odone, una sala de estar burguesa con tele, butaca y mesita de centro, se transformó en una biblioteca. Además de leer todo cuanto encontraron en revistas científicas, decidieron contactar con familiares de otros niños con el mismo diagnóstico y localizar a los investigadores que alguna vez hubieron trabajado en asuntos parecidos.

Todo terminó en 2008 cuando Lorenzo falleció. Hasta entonces lograron producir un remedio, el aceite de Lorenzo, que fue muy eficaz en el tratamiento, pues logró retrasar la muerte en el hijo en más dos décadas. Hasta entonces, la película explicaba dos eventos que merecen ser recordados y que nos hablan mucho acerca de cómo es la tecnociencia. A los seis meses de la movilización que acabo de describir, se realizó en la casa de los Odone un Congreso Internacional al que acudieron los poquísimos especialistas del mundo que sabían algo del tema. Fruto de esos encuentros, se acordó que la dieta que recibían los niños en el hospital no era la adecuada y que debía modificarse. Sin embargo, los médicos del hospital no estuvieron de acuerdo y exigían que se respetara el protocolo autorizado. En otras palabras: reclamaron ser quienes sabían.

Los padres, no obstante, no estuvieron de acuerdo y creían que no se les estaba escuchando: se sintieron maltratados y en medio de la disputa, la madre de Lorenzo, cansada de discutir, propuso una votación y los médicos, escandalizados, se opusieron. Afirmaron que los conflictos en ciencia no se resolvían democráticamente y exigían respeto para los modos ya establecidos. La tensión en la sala era desagradable, pues los criterios de familiares y expertos no coincidían. Las madres estaban seguras de saber lo que convenía a sus hijos, pero los médicos creían que en el hospital los niños eran su responsabilidad. Ambos bandos estaban muy convencidos de su propio punto de vista y no parecía haber solución. Fue así como la madre de Lorenzo, muy enfadada, tomó la palabra para acusar a las autoridades de comportarse como si creyeran que los enfermos debían estar a su disposición y no al contario.

En la película, esta escena está muy bien construida y logra su objetivo: los espectadores se enfrentan al dilema de si vale más el conocimiento de la madre basado en el amor o si, al contrario, importa el que se basa en el uso intensivo de todos los dispositivos de la tecnociencia. La película se esfuerza en mostrar con toda claridad el conflicto entre ambas formas de conocer. Como es sabido, los hechos dieron la razón a las familias, lo que desde luego no nos autoriza a generalizar, aunque sí nos permite seguir explorando la potencia cognitiva de los cuidados.

Hay otra historia basada también en la propiocepción de las víctimas. En la primera guerra del Golfo, los Estados Unidos de América enviaron a un total de 700.000 soldados a Irak. Cuando terminó el conflicto tenían un balance de 150 muertos y 17.000 afectados.

De estos, un 87 % quedó atascado en la burocracia necesaria para solicitar un diagnóstico que, pese a las muchas pruebas, no llegaba. Acabaron así sospechando que había algo que impedía que los trámites avanzaran. Como no todos los concernidos expresaban los mismos síntomas, cada uno fue derivado al especialista del órgano más afectado, lo que descompuso el problema en tantas partes como pacientes. Y, como suele ocurrir en estos casos, quienes más se quejaban fueron diagnosticados con síndrome de estrés postraumático, un cajón de sastre donde ocultar los problemas y sepultar responsabilidades.[6]

En el hospital militar donde se les atendía, toda la investigación estaba orientada a producir incertidumbre; es decir, a sembrar dudas que confundieran a los afectados, les impidieran atar cabos y apostar por lo que realmente ocurrió. Los responsables militares querían evitar que se organizaran como un colectivo de afectados, alrededor de una enfermedad, un diagnóstico y dolencias compartidas, y eso explica que fueran dispersados entre especialistas, nomenclaturas y analíticas. Al final, se trataba de engañarlos con la verdad y hacerles desconfiar de sus propias sensaciones, pero no lo lograron y acabaron descubriendo lo que se les ocultaba.

A los soldados se les suministró, sin pedirles permiso, una sustancia experimental que supuestamente les protegía contra el gas mostaza que esperaban fuera utilizado por las tropas iraquíes. En pocas palabras: se les trató como conejillos de Indias. Allí, hubo un claro abuso de poder y se les maltrató por oscuras razones de estado. El problema es que tardaron años en descubrirlo y solo fue posible cuando supieron escuchar a sus cuerpos, construir conexiones, contrastar sensaciones, tirar del hilo y atar cabos. Se convirtieron en expertos de la experiencia. Al final, el llamado Síndrome de la Gue-

---

6. Brown *et al.*, 2011; Zavestoski *et al.*, 2004; Iversen, Chalder y Wessely, 2007; Epstein, 2008; Wessely y Freedman, 2006.

rra del Golfo ya está documentado y forma parte, junto a otros centenares de casos, de un patrimonio construido entre todos y todas a partir de una rebelión de concernidos contra las instituciones que les negaban un diagnóstico.

Ningún otro caso es más paradigmático ni controvertido que la llamada electrosensibilidad. Sabemos que el espacio que habitamos está atravesado por un sinfín de radiaciones procedentes de la telefonía, internet y el cableado de la luz. Las comunicaciones inalámbricas lo invaden todo y producen *electrosmog*. El problema es que un pequeño porcentaje de la población que oscila entre el 3 % y 5 % se queja de estar afectado por esta nueva forma de polución. Muchas solo tienen pequeñas rojeces en la cara o algún picor en la cabeza, algunas lamentan dificultades para dormir, dolor de cabeza o pérdidas de concentración y hay otras que padecen el síndrome de fatiga crónica. Casi siempre son mujeres, pues representan el 95 % de las afectadas, y aseguran que sus males aparecieron después de que se instalara una antena de telefonía móvil en el edificio de enfrente. Por supuesto no tienen pruebas, pero dicen que lo saben porque lo están viviendo y lo expresan con firmeza.

Su presión hizo que en 1997 el Gobierno sueco creara una comisión llamada Râdel for arbetslivvsforskning (RALF) que debía dictaminar, tras escuchar a los propios concernidos, sobre la existencia del mal. Y, en efecto, tras una investigación que se recuerda como un caso ejemplar de epidemiología popular, acabó recomendando al sistema sanitario la incorporación de la electrohipersensibilidad, la EHS, como una nueva condición discapacitante. La investigación aludida cristalizó en un documento ejemplar que recoge los testimonios directos de 400 pacientes y que logró captar la atención de las autoridades sanitarias dentro y fuera de Suecia.[7] No pudo establecerse una relación de causalidad bioquímica entre

7. Granlund-Lind y Lind, 2004.

las ondas electromagnéticas y la aparición del mal, pero sí quedó claro que no podían seguir mirando hacia otro lado: una conclusión confirmada en múltiples estudios posteriores.[8]

En 2005, la Organización Mundial de la Salud también optó por una solución parecida, aceptando la existencia de una enfermedad no específica y multisistémica originada por la presencia de radiación electromagnética, pero recomendando salomónicamente no rebajar los estándares de exposición hasta que las evidencias científicas no fueran más concluyentes.[9] Desde entonces son muchos los estados que han optado por fórmulas parecidas, atendiendo a las muchas peticiones y manifiestos firmados por médicos solicitando una respuesta administrativa para un problema que empezaba siendo clínico y acababa teniendo consecuencias laborales y familiares. La fórmula elegida es ambigua porque trata de no irritar a las organizaciones de pacientes ni tampoco a las grandes corporaciones de las telecomunicaciones. Los enfermos dejaban de ser un colectivo de hipocondríacos paranoides coleccionando pruebas que les confirmaban lo que sabían y las corporaciones industriales un laboratorio para la producción de incertidumbre que nos impidiera avanzar en una solución empática, veraz y participativa.

En muchos casos, los afectados solo padecen síntomas leves, que podríamos tratar más como una condición que como una enfermedad. Y es que, en efecto, podríamos considerarlos como sensores de alerta temprana de fenómenos invisibles y todavía minoritarios que, en el futuro, podrían ser una amenaza para todos. A los electrosensibles, entonces, más que como un problema podríamos considerarlos parte de la solución. Así, la electrosensibilidad dejaría de ser el refugio de una nueva forma de hiperindividualismo que autorizaría a cualquiera a reclamar atenciones extraordinarias y ex-

8. Miller *et al.*, 2019.
9. Mercer, 2016, 2002 y 2009.

clusivas. Por el contrario, los electrosensibles funcionarían como portadores una nueva aptitud: los convertiría en investigadores proustianos —como los llamó Deleuze—, capaces de detectar microvariaciones ambientales, y su presencia nos permitiría acumular, como sociedad, un capital simbólico rico, necesario y novedoso, producido por todos esos ciudadanos que, como ellos, también experimentan sensaciones ante sustancias químicas, ya sea por vivir cerca de incineradoras o en edificios enfermos.[10]

Ya hace décadas que las personas con discapacidad reclaman ser nombradas como personas con diversidad funcional. A veces, a quienes nos consideramos «normales» y no convivimos con personas dependientes, nos cuesta entender a qué nos referimos cuando se habla de diversidad funcional y escuchamos estas reivindicaciones con gesto paternalista. Incluso cuando las aprobamos, seguimos sin comprenderlas: nos parecen gestos buenistas, pero epistémicamente vacíos.

Algo parecido ocurre con la necesidad de distinguir entre los feminismos de la igualdad y los de la diferencia. Solo un troglodita discutiría hoy la no igualdad ante la ley de hombres y mujeres. Resulta más complejo entender que la condición de macho, unida a los privilegios que la sustentan, ha producido una cierta manera de ver el mundo que no se resigna a renunciar a esos privilegios. La condición de mujer, por su parte, desgraciadamente vinculada a la dependencia, la subordinación y el maltrato simbólico, también ha sido capaz de desarrollar un modo diferente de entender el mundo basado en otras percepciones, distintas relaciones, diversas necesidades y preguntas anómalas.

En efecto, los distintos deben ser tratados como iguales, nuestros pares, sin necesidad de prescindir de su capacidad para hacer visibles problemas, procesos, condiciones, circunstancias o fenó-

10. Chateauraynaud y Debaz, 2010.

menos que ningún artefacto tecnocientífico sabe medir, pero que su cuerpo puede detectar. No solo podemos querer a los diferentes, también debemos aprender a escucharlos y dejarnos afectar por la inteligencia que pueda emerger de una experiencia del mundo tan singular.[11]

La neurodiversidad

Contamos con muchos ejemplos para acercarnos, más y mejor, a esta problemática. Entre todos los posibles, me quedaré el autismo: un mundo que incluye a gentes que oscilan desde grados de dependencia extrema hasta quienes podrían camuflarse, si así lo desearan, de «normales». Hablar de normales y anormales es, desde hace más de 50 años, una opción problemática, porque la distinción entre lo normal y lo patológico ha operado históricamente como un arma de destrucción masiva. Los calificados de maricones, locos, borrachos, tontos, feos, gordos, crédulos, tullidos, enanos, inútiles, gitanos o negros —por solo citar algunas formas de exclusión— saben bien cómo de cruel puede ser un cerebro analítico e insensible al estigma que proyecta quien cree que la diferencia es sospechosa de discapacidad, desvergüenza o infamia. En este sentido, algunos autistas han reclamado para sí la condición de atípicos y hasta acusan a sus sistemas sanitarios de eugenésicos: querer curarlos es una forma de destruirlos, porque no tienen autismo, sino que son autistas y por lo tanto no hay nada de qué curarlos. No quieren ser medicalizados y, al igual que las personas con discapacidad, están seguros de que son las sociedades las que discapacitan cuando diseñan ciudades llenas de barreras arquitectónicas, instituciones satisfechas con gobernanzas excluyentes o disciplinas insensibles a la neu-

11. Despret, 2002.

rodiversidad. Esta noción, la de neurodiversidad, es sencillamente apasionante y afirma que no hay una sola manera de construir sentido, percibir el mundo, relacionarse con otros y producir evidencias, hecho que la convierte en una idea verdaderamente radical.

Amanda Baggs se hizo famosa, hoy diríamos viral, por un vídeo titulado «In My Language», donde explicaba en qué consistía ser autista.[12] El vídeo se dividía en dos partes: en la primera Amanda explicaba cómo es el encuentro de un autista con un espacio nuevo, mostrándonos su extrañeza ante lo no familiar y la importancia del tacto como forma de reconocimiento, porque las cosas son tocadas de una manera especial y mientras se palpa el entorno parece ser arrullado por sonidos primitivos y misteriosos; en la segunda, el ordenador lee una especie de manifiesto donde se nos solicita mayor esfuerzo para entender que hay otros modos prerepresentacionales de comprender el entorno.[13]

Amanda defiende que un autista no aspira a tener una palabra con la que definir las cosas y así distinguirlas de otras con las que comparten el espacio. Nunca tratan de fragmentar el mundo en una constelación de objetos independientes. Las cosas le hablan, tienen vida propia y las experimenta no como partes de un todo, sino como un ecosistema emergente, bullicioso y prelingüístico, es decir, que las cosas tienen una existencia prediscursiva: coexisten y se hablan entre sí. Los autistas pueden escuchar esa vibración y saben de cosas, y las saben de una manera, que nosotros, los neurotípicos, no podemos ni imaginar. Se manifiestan orgullosamente neuroatípicos y piden que cesemos de querer curarlos: exigen el fin del genocidio autista.

Los quejicas militares americanos, las suecas hipocondríacas y, ahora, estos descerebrados raritos nos interpelan con un desafío

12. Manning, 2008; Murray, 2008; Savarese, 2013.
13. Ginsburg, 2020; Wolman, 2008.

ontológico inesperado. Nos dicen que hay muchos modos de conocer que no podemos despilfarrar y que, al menos por un momento, deberíamos tomarnos en serio la posibilidad de que también tengan algo que decirnos en términos epistémicos. Nos invitan a dejar de considerarlos periféricos, marginales o residuales para preguntarnos por otras maneras de conocer y otros diálogos de saberes. Si a estos raritos de ahora, les sumamos los ya mencionados indígenas y, en general, cualquiera de los saberes tácitos o ancestrales, estaríamos hablando de una cultura capaz de aceptar muchas ontologías o, dicho con palabras más grandilocuentes, muchas naturalezas.

Si la cultura del siglo XX se construyó, bajo el liderazgo de la UNESCO, sobre la convicción —tras la II Guerra Mundial— de que todos habitábamos una naturaleza única y pulverizada en muchísimas culturas, ahora deberíamos ser capaces de imaginar lo contrario: una cultura común de la tolerancia, la igualdad y la diferencia que sabe convivir con una pluralidad de naturalezas. Para ello, tendremos que transitar de la noción de pluralismo cultural a la de pluralismo ontológico. Porque no es que tengamos un solo planeta y muchas formas de pintarlo, cantarlo o analizarlo: es más bien todo lo contrario, puesto que se nos invita a construir una cultura que acepte la existencia de las muchas naturalezas que nacen cuando la escuchamos con dispositivos distintos a los que tan brillantemente ha creado la tecnociencia. Nos es que sobren los marcadores genéticos, los PET o la oncología; en absoluto: no sobra nadie. Faltan actores y, sobre todo, una mayor apertura a nuevos desafíos ontológicos; es decir, a conversaciones que hoy se dan sumergidas, fraudulentas e indocumentadas, pero que ahora necesitamos abiertas, públicas y contrastadas.

A quien le interese la ontología no debería juntarse con filósofos, sino con personas dependientes. Nadie como ellos percibe la intensidad con la que nuestro mundo discapacita y reclama la urgencia por hacernos otras preguntas y obtener nuevas respuestas.

Los enfermos mentales también configuran un colectivo insatisfecho con las atenciones que reciben de nuestros sistemas sanitarios que, con frecuencia, operan como maquinarias que estigmatizan, medicalizan y segregan a quienes acompañan. Un ejemplo de ello es Brain Talk Communities, que opera dentro de la plataforma Patient Like Me y agrupa a personas con problemas mentales que huyen de los ansiolíticos y los antidepresivos. Se quejan de que tanta pastilla les roba la vitalidad y adormila su libido, comparten la voluntad de recuperar algo parecido a las ganas de vivir y asumen el riesgo de desmedicalizarse. Para saber qué hacen contamos con un magnífico estudio publicado en *PLOS Medicine* y escrito por dos investigadores que tuvieron acceso completo a los chats que escribían.[14]

El estudio está lleno de sorpresas para quienes no confíen todavía en la increíble potencia de la inteligencia colectiva.[15] El primer hallazgo tiene que ver con la naturaleza de los intercambios que, contra lo que podríamos suponer, no son de autoayuda, sino que en un 70 % están orientados a debatir sobre síntomas, diagnósticos o tratamientos. Los autores comprobaron cómo los enfermos desarrollaban un cierto sentido crítico cuando observaban que cada médico operaba de forma diferente, aun cuando coincidía en el diagnóstico. En el estudio también aportaron el contenido de las conversaciones con el médico o terapeuta personal, así como lo que leían en la web y, aunque no fueran especialistas, se demuestra cómo percibían con nitidez que los expertos discrepaban mucho más de lo que aparentaba. Esta situación promovió las condiciones para que los pacientes comparasen lo que se les decía y lo contrastaran con lo que vivían. La ciencia en esos chats se presentaba como un saber controvertido capaz de sostener una diversidad de criterios médicos y, en consecuencia, dejaba de ser un saber monolítico o unívoco, para mostrarse más

14. Hoch y Fergurson, 2005.
15. Frost y Massagli, 2009; Aviv, 2019; Polich, 2012; Duncan *et al.*, 2019.

abierta o dubitativa: así, los enfermos se hacían críticos sin haber leído sesudas monografías académicas.

El estudio también mostraba que solo un 6 % de los mensajes contenían información errónea, obsoleta o incompleta. Las cifras son relevantes y prueban que los integrantes de estas comunidades se toman muy en serio lo que les pasa y dedican mucho tiempo a leer literatura relevante sobre su malestar. Es importante que sepamos apreciar este esfuerzo de intelección colectiva y crítica, porque al hacerlo, damos valor al hecho de que los participantes se han agrupado espontáneamente en unos 300 grupos diferentes de conversación, lo que es tanto como decir que quizás haya 300 maneras distintas de enfermar mentalmente, pues es muy razonable suponer que las gentes se agrupan con quienes sienten que les entienden, porque experimentan cosas muy parecidas.

Los autores del artículo calificaron estos hechos de verdadera revolución en los saberes médicos, comparándola con lo sucedido durante el Renacimiento. El artículo termina prediciendo, no sin ironía, que pronto los médicos en formación tendrán que acudir al chat antes que al hospital si es que quieren entender lo que les pasa a sus pacientes. La conclusión es provocadora y seguro que debemos prestarle más atención de la que inicialmente pensábamos otorgarle.

Cuerpo común

Antes de terminar, quisiera reunir todos los casos explicados hasta ahora. Lo más importante es que nos acerquemos a estos movimientos de pacientes que se sienten excluidos y se agrupan para lograr hacerse visibles y ser escuchados. Su trabajo consiste en encontrar un lenguaje común que les represente por igual y les permita intercambiar experiencias. Cuando encuentran esas palabras con las que referirse a su propio malestar, están nombrando un cuerpo del que antes no sabíamos nada y que ahora podemos nombrar. Un cuerpo que es contrastado, abierto y horizontal y, al mismo tiempo, inacabado, distribuido y relacional; además de contrahegemónico, es inalienable, pues desaparece en cuanto se disuelve la comunidad que lo sustenta. Es un cuerpo entre todos, fruto de un esfuerzo colaborativo y sanador: un cuerpo común hecho con los desechos que la academia olvida, nacido de la necesidad de escuchar el propio cuerpo y de la interacción de gentes cuyos conocimientos no son especializados. El material con el que trabajan es colateral: es, en cierto modo, la basura de la ciencia o, dicho de otra forma, las emociones, las vivencias y las sensaciones que conforman nuestra experiencia corporal. Sin embargo, no se queda en algo privado o individual, sino que lo trasciende. El conocimiento producido es validado por quienes encuentran consuelo, comprensión, compromiso y sabiduría en las otras personas que también toman la palabra. Y ese nuevo conocimiento, nacido de un esfuerzo colectivo y basado en el contraste de pareceres, no será objetivo, pero sí veraz. No será mercadeable, pero es sanador. No lo encontraremos en tratados minuciosos, pero es público. No estará avalado por comités de expertos, pero es fiable.

5

EPÍLOGO. NADA SOBRE NOSOTROS SIN NOSOTROS: LA HORA DE LA CIENCIA CIUDADANA

Llegados al final, es hora de concluir e imaginar itinerarios posibles. Las páginas precedentes han tratado de dar dignidad cognitiva a una variedad de sujetos que suelen ser desdeñados en las historias de la ciencia al uso: una panoplia de actores que dejaron de ser secundarios, pintorescos y prescindibles. Los amateurs, activistas, militantes, *hackers* a quienes dimos la palabra, actuaron en defensa del bien común, movidos por sentimientos de solidaridad, seguros de que son numerosas las situaciones que reclaman insumisión, cuidados y conocimientos.

A pesar de que siguen siendo figuras anónimas, ya no son del todo marginales. Su grandeza está en haber sabido resistir las presiones que les exigían mayor precisión en los datos, rigor en los procedimientos y control en las declaraciones. No se han dejado colonizar por el *dictum* experto y han logrado abrir conversaciones imprescindibles a pesar de no contar con la costosa maquinaria de la que disponen los expertos para elaborar sus dictámenes. Además, han tenido que actuar como «idiotas», asumir su precariedad de medios y su vulnerabilidad organizativa como activo desde el que trabajar. Nunca quisieron ser objetivos, porque eso demandaba recursos de los que no era fácil disponer. Su pretensión era hacerse presentes, abrir conversaciones, introducir otras miradas, hacerse distintas preguntas y compartir diferentes respuestas. Y, aun con todas estas dificultades, hay que admitir que tuvieron éxito, aunque fuera parcial. Por esta razón, deberíamos todos sentirnos felices de que supieran enfrentarse al *expert apartheid*, como lo llamó Edward Said.[1]

La rebelión de los «idiotas»

El maltrato a los «idiotas», como ya mencionamos, fue una de las piezas memorables que explican el triunfo de la ciencia moderna. Lo explicó Isabelle Stengers con brillantez al comentar la estrategia seguida por Galileo para asegurar el éxito en la comunicación de sus descubrimientos. Y es que, en efecto, su *Diálogo sobre las dos nuevas ciencias* fue un hito en la consolidación del italiano como lengua moderna y en la lucha de los modernos para introducir el método experimental en la Universidad barroca. Como ya expliqué, el diálogo de Galileo se realiza entre tres personajes reconocibles: uno, el principal, él mismo, que es un moderno convencido; otro, llamado Simplicius, que representa todos los valores a superar y, por fin, un tercero, que opera como un diplomático y que simula la equidistancia, pero que siempre se las arregla para que el lector sea seducido por los argumentos del moderno. Los diálogos fueron parte de una estrategia retórica eficiente en las luchas ideológicas, hoy diríamos culturales y posmodernas, que alumbraron la modernidad.

Lo importante no es el género empleado, sino la forma en la que los modernos lo usaron para derrotar a los antiguos. El *Diálogo* de Galileo es un manual sobre cómo denigrar, ridiculizar, menospreciar y, en definitiva, maltratar a quien se ha decidido destruir. Y Stengers nos ha mostrado este vínculo disimulado entre los que saben y los que no saben, quienes, si siguiéramos el ejemplo del sabio, deberían ser ferozmente expulsados del espacio público.

1. Dimitriadis, 2006.

Los idiotas son el genérico que describe a los amateurs, las brujas, los comunes y, en general, a todos los no acreditados: quienes se atreven a expresarse en el espacio público con un lenguaje no validado o con unas formas irreverentes, impías o incrédulas. Un idiota, explica Deleuze, se cree con derecho a un pensamiento propio y quienes le escuchan solo pueden atribuir ese atrevimiento a su condición plebeya, irreverente o discapacitada. Cualquiera que fuera su causa, lo cierto es que el idiota podría encarnar una figura clave y necesaria.[2] También los griegos nos enseñaron que un idiota es alguien que balbucea, que no sabe hablar bien y que, en definitiva, no merece ser escuchado. Los emigrantes, los campesinos y las mujeres eran idiotas de origen; un idiota podría ser alguien demasiado libre: un sujeto al que instruir y que, mientras aprende, representa un peligro o manifiesta una resistencia, porque no sabe todavía que todo se hace por su bien. No entiende ni agradece y es un obstáculo que detiene el progreso y que debe superarse. En definitiva, una resistencia ingrata y alguien desdeñable.

Esta reflexión se hace particularmente necesaria hoy, debido a que los hechos se han convertido en una baza controvertida, los valores están en disputa, los asuntos son de importancia y las decisiones, urgentes. Para estos saberes, adaptados a tiempos tan difíciles, contamos hasta con un concepto que los describe: la ciencia postnormal.[3] El riesgo de pandemias y la crisis climática —como también el problema de los residuos, la insaciable bulimia energética o el asalto a la privacidad— nos ayudan a entender el problema. Las tenemos tan cerca y sus desbordamientos son tan cotidianos, que resulta difícil hablar de estos asuntos como si solo fueran objetos de laboratorio y temas de la incumbencia exclusiva de los científicos.

2. Deleuze, 1993.
3. Funtowicz y Ravetz, 1993.

En este sentido, la pandemia nos ayudó a entender mejor la urgencia de facilitar la ciencia abierta y de limitar la influencia de las grandes corporaciones. De pronto, muchos científicos privilegiaron el bien común y comenzaron a compartir sus resultados en forma de *preprints*, sin aguardar el dictamen de los revisores ni temer que se les plagiara. La preocupación por la prioridad en el descubrimiento pasó a un segundo plano.[4] La crisis climática ha hecho visible un colectivo creciente de expertos que abogan por una rebelión de científicos, cansados de hacer recomendaciones y de que no se les preste atención. Por desgracia, han llegado a la conclusión de que predican en el desierto y de que solo la protesta en las calles, en alianza con la gente, hará reaccionar a los Gobiernos. El diagnóstico es tan triste como acertado.[5]

Tanto la ciencia abierta como la ciencia del clima son expresión de dos rebeliones promovidas por investigadores: la primera contra los intereses corporativos que avalan el llamado *academic capitalism* y que sostienen que no hay ciencia sin propiedad intelectual; la segunda, contra los estados que siempre posponen las decisiones complejas y que nos abogan al desastre. ¿Para qué tantos laboratorios, artículos, congresos e informes si luego no pasa nada? Pese a todo, la buena noticia es que algo se mueve en la ciencia y merece toda nuestra atención. Los que saben, quienes se alzaron contra Simplicio, son ahora los últimos en movilizarse. Está bien que busquen una alianza con los que no saben, pero deben ser conscientes de que contamos con abundantes precedentes y que hay muchas rebeliones de idiotas, aquí puestas en valor, que merecen ser recordadas.

Sin ir más lejos, la Asociación Francesa contra las Miopatías se creó en 1953 para dar visibilidad a un problema que el estado y el mercado eran incapaces de abordar. Aunque eran pocos los afecta-

---

4. Fraser *et al.*, 2021; Merrifield, 2021.
5. Robertson, 2025; Doherty *et al.*, 2025; Racimo, 2025.

dos y estaban rabiosos por no ser atendidos, los enfermos se organizaron de una forma tan eficiente que lograron convertirse en un actor relevante en el panorama de la genética francesa. Para lograrlo reunieron grandes sumas de dinero que invirtieron en la contratación de científicos y en incentivar la investigación de sus problemas. Y lo hicieron modificando la tradicional relación médico-enfermo, de forma que eran los pacientes quienes dirigían las instituciones, establecían las prioridades y asignaban los recursos. En este caso, los expertos estaban al servicio de quienes les pagaban, y eran los enfermos quienes exigían ser escuchados: los doctores pasaban a desempeñar un papel subordinado. Y así fue como lograron transformar la experiencia que tenían de su propia enfermedad en signos a partir de los cuales se crearon patrones de diagnóstico. Los pacientes fueron, entonces, codiseñadores en todas las fases del proceso. Se implicaron tanto que se ganaron la calificación de *expertos en experiencia*, un concepto que nos ayuda a hacer más porosa la frontera entre los que saben y los que no. Hay mucha literatura accesible sobre esta exitosa rebelión de idiotas.

Como ya se ha mencionado, tampoco falta literatura que narre de forma ejemplar cómo las feministas reclamaron nuevos enfoques respecto al cáncer de mama. Una simple revisión de los datos disponibles probó que el número de incidencias no había dejado de crecer en las últimas décadas y que solo un porcentaje menor al 10 % tenía un origen genético. Eso significaba que el incremento de la enfermedad debía atribuirse al estilo de vida: a lo que comemos, bebemos, vestimos o respiramos. Sin embargo, seguimos poniendo el énfasis en la curación y no en la prevención. En consecuencia, no debería extrañarnos que las feministas orientaran su cólera a la exigencia de cambios sustantivos en las políticas públicas, ámbito en el que tuvieron éxito, aunque solo fuera parcial.

Como vemos, las rebeliones de idiotas se parecen mucho entre sí. Luchan por un diagnóstico que haga visible su mal o, alternativamente, combaten un diagnóstico que les estigmatiza, como fue el caso de los enfermos de SIDA, el de los discapacitados y, más recientemente, el de las personas incluidas dentro del espectro autista. En todos los casos la movilización se aferra a un lema paradigmático: nada sobre nosotros sin nosotros. El mantra se acuñó con éxito hacia 1980 y fue asumido inicialmente por las personas con discapacidad, que reclamaban no ser tratadas como enfermas, sino como humanos que experimentaban dificultades que la propia sociedad promovía mediante diseños no inclusivos y políticas escasamente integradoras. Tras décadas de lucha se formó un movimiento seguro de que no hay personas discapacitadas, sino sociedades discapacitantes.[6]

Nunca han sido rebeliones contra los expertos, sino a favor de una nueva manera de organizar la relación entre los que saben y los que no saben. Escuchar a los idiotas implica tomarse en serio los saberes que tienen sobre su propio cuerpo y supone incorporar en nuestras discusiones el material empírico que proporciona el conocimiento experiencial. También, significa admitir que la experiencia no es el territorio de lo contingente, lo circunstancial, lo caprichoso o lo cambiante, y aceptar que tenemos todavía pendiente inventar la manera de tratar con las experiencias individuales, las percepciones singulares o las diferencias no cuantificables.

En este sentido, tal y como explicó incansablemente Latour, los modernos nos adiestraron para sacar del laboratorio todo lo que pudiera resonar con las emociones personales, los enraizamientos locales y los saberes ancestrales. Los cartesianos declararon la guerra a todo cuanto la razón no supiera cómo pensar; es decir, a lo particular, lo arraigado y lo encarnado. De ahí que las rebeliones de idiotas hayan sido, en el fondo, rebeliones contra Descartes: movilizaciones en favor de una justicia epistémica que reclaman el ensanchamiento del espacio público. Para Deleuze, esos «idiotas» son actores im-

6. Scotch, 2009; Kiernan, 1999; Stack y McDonald, 2014; Koontz *et al.*, 2022.

prescindibles y filósofos originarios, pues, además de promover nuevas preguntas, rechazan el despilfarro que supone dejar fuera de la tarea del conocer la experiencia de la inmensa mayoría. Nadie puede negar que de lo que pasa en nuestro cuerpo, en nuestra calle y en nuestra comunidad sabemos mucho. No lo sabemos todo, pero cada vez será más difícil prescindir de lo que podemos aportar. Y eso nos obligará a repensar la relación entre expertos y legos.

Llegados a este punto, si algo hemos descubierto es que las cosas son más complejas de lo que imaginábamos y que las soluciones reclaman compromisos más amplios. No sobra nadie, pero sí faltan actores. Los nuevos arreglos exigen un nuevo pacto social por la ciencia, porque el anterior —todavía vigente— otorga a los científicos recursos a cambio de que ofrezcan evidencias, es decir, de conocimiento contrastado. No es que ese conocimiento sobre; es que necesitamos que quienes saben se hagan cargo de los problemas del mundo.

Ese pacto no debería incluir solo a quienes pagan —Estados y corporaciones—, sino también a los ciudadanos organizados. Los científicos del clima han reconocido, de hecho, una dependencia respecto de los «idiotas». Por el momento se han limitado a pedir que se movilicen como agentes políticos, aunque ya se han ganado el derecho a ser tratados también como agentes cognitivos. En todo caso, parece claro que la ciencia para las corporaciones no garantiza la vida en común: para garantizarla, necesita de los públicos.

La apuesta por la ciencia ciudadana

Nos costaría muy poco argumentar —como ya hemos hecho anteriormente en estas páginas— que la ciencia moderna nació ciudadana, en el sentido de que se hizo extramuros de la academia y por personas que no tuvieron un fácil acceso a la universidad y a todos sus dispositivos de construcción de sentido: aulas, editoriales, reputación, dinero y públicos. De pronto, viajeros, agricultores, navegantes, mineros, dibujantes, contables, cirujanos, boticarios y criadores de animales fueron vistos como depositarios de un conocimiento imprescindible para el futuro que se anunciaba en la prensa periódica, en los «salones de las preciosas» o en la *Enciclopedia*. Todos ellos poseían un conocimiento basado en la experiencia que podía ser fiable si respetaba algunos estándares nuevos en los que no voy a entrar, salvo para recordar que todos tenían que ver con la forma en la que ese saber se transmitía: en escuelas regladas, con manuales accesibles y con dignidad pública.

No es necesario calificar el conjunto de esas actividades de ciudadanas, puesto que sería anacrónico. No obstante, para hablar de ciencia ciudadana tiene mucho sentido construir una genealogía como la aquí esbozada que, en primer lugar, muestre que no se trata de una moda reciente y, en segundo lugar, que siempre fue decisiva para el desarrollo de la ciencia. Entonces, como ahora, el conocimiento atrajo a mucha gente que disfrutaba contemplando la belleza, la diversidad o complejidad del mundo natural o técnico. Entre esas personas, algunas lucharon por expandir la empresa del conocimiento, para que llegara a personas, lugares o instituciones tradicionalmente alejadas de la nueva ciencia, o para transformar saberes que se consideraban obsoletos.

La ciencia moderna fue muchas cosas y, en la medida en que su historia se aparte de la de los descubrimientos científicos, veremos que hunde raíces en lo informal, lo radical y lo mundano. No somos los primeros en calificar aquellos momentos de cambio como revolucionarios, aunque es verdad que aquí no hablamos de revoluciones epistémicas, sino culturales. Cuando queremos acercarnos a la noción de ciencia ciudadana, resulta especialmente fecundo asumir la imagen de un espectro de posibilidades: tanto para reconocer sus múltiples formas de práctica como para detenernos en su legitimidad política e histórica.

En este sentido, la ciencia ciudadana —entendida como un saber que cultivan los ciudadanos sin el tutelaje de la academia, ya sea para satisfacer su curiosidad o como contestación al *statu quo*— es una parte sustancial e inseparable de la empresa del conocimiento. No solo la ciencia es inimaginable sin la presencia de esos públicos que la veneran o la critican: es que siempre han sido y serán necesarios.[7] Y ahora, quizás más que nunca, porque sin ese vínculo acabaremos naturalizando el imaginario de que la ciencia solo es para listos, para ricos y para poderosos. Acabaremos asociando la noción de ciencia a la de financiarización de recursos, a las guerras de patentes, al dominio tecnológico y a la expansión neoliberal. Esa es la imagen que más conviene a cierta manera de usar el conocimiento, y no tiene nada de inocente.[8]

Querer que la ciencia sea otra cosa, querer que se ocupe de lo que nos preocupa, que sea más terrenal, más cercana y más lúdica, no es una locura antimoderna ni nihilista; no es un pensamiento propio de ingenuos, idealistas y blandengues. Tampoco lo es reclamar que los activistas sean tratados como actores de la esfera científica, puesto que son ellos quienes luchan para movilizar a la ciudadanía —incluida la académica— en favor de un mundo medioambientalmente más sostenible, epistémicamente más plural y ontológicamente más abierto. Y eso nunca debería ser percibido como un anhelo anticientífico, sino todo lo contrario. Quienes lo defendemos apostamos por un modelo de desarrollo científico que no se desentienda del mundo para dejarlo en manos de las grandes corporaciones. La buena noticia es que todavía estamos a tiempo de evitar esta deriva: la privatización de la esperanza.[9]

7. Nowotny, Scott y Gibbons, 2001; Nowotny, 2003; Brown, 2009; Bucchi, 2012.
8. Mirowski, 2010; Slaughter y Rhoades, 2004.
9. Thompson y Zizek, 2014; Stengers, 2011.

La gente del común —enseñan los doctos— tiene un enorme defecto: no tiene títulos, no gana premios y no es excelente. Quiere ser escuchada, pero balbucea en el espacio público; usa las palabras sin precisión, construye las frases sin elegancia y expresa sus ideas con vehemencia. En resumen: no sabe nada, porque no tiene cátedras ni modales. Nadie diría que es ignorante, pero lo parece. Cuando habla de sus preocupaciones o intereses, lo hace sin gracia, rigor ni respeto. Lo aceptemos o no, esos son, a grandes rasgos, los prejuicios que regulan la relación entre los-que-saben y los-que-no-saben, entre los instruidos y los legos o entre los expertos y los novatos.

De algún modo u otro, todos somos víctimas y victimarios en ese desencuentro ordinario. La mayoría de los ciudadanos disponemos de formación, recursos y saberes medios. Sabemos un poco de muchas cosas, pero a la ligera. Cualquiera de nosotros, sin embargo, puede volverse muy competente a la hora de entender una situación si se ve directamente concernido. Todos podemos saber mucho sobre el cáncer si nos detectan un tumor maligno; sobre banca si obtuvimos un crédito abusivo; o de mecánica si nos estafaron en una reparación. Podemos aprender —y mucho— sobre aquello que nos apremia: las humedades en casa, el acoso en la oficina o el ruido en nuestra calle. Cualquiera puede sorprender a sus amigos con conocimientos sobre autismo, drogas o acoso si tiene un hijo que lo padece.[10]

Como vemos, el mundo de los directamente concernidos puede ensancharse si incluimos entre los que quieren saber —y acaban sabiendo— a quienes asumen que otro mundo es posible. Hablamos de quienes se organizan para ocuparse de los bosques descuidados, las especies amenazadas, las enfermedades crónicas, las personas dependientes, las mujeres violentadas, los emigrantes excluidos, la memoria sepultada, los ríos contaminados, los bosques

10. Lafuente y Rodríguez-López, 2025.

abandonados, los territorios sacrificados, los cuerpos vulnerables, las lenguas en peligro, los alimentos ultraprocesados, las semillas desnaturalizadas, las infancias manipuladas o los administradores corruptos. La lista sería interminable, porque ya no queda —casi— ningún problema que no merezca una organización ciudadana que quiere hacerse cargo de su seguimiento o de su solución.[11] De pronto, nuestras calles se han llenado de gente que sabe y, aunque no lo sepa todo, sabe mucho; gente que quiere ser escuchada y, además, merece serlo. Gente que trabaja duro para entender mejor lo que pasa. En consecuencia, sería cruel tratarla de ignorante, puesto que ya existe mucha literatura que prueba que sus conocimientos no pueden seguir siendo ignorados: no escucharla es un dispendio que no podemos permitirnos.[12]

Todos estos saberes y actores son parte de la ciencia ciudadana. Antes de que el concepto fuera acuñado en la academia, ya había decenas de miles de personas trabajando para promover la energía comunitaria, la economía de proximidad, los bancos de semillas, el arte callejero, la ciencia abierta, las enciclopedias libres, la soberanía tecnológica, la sabiduría ancestral, el pluralismo jurídico, la innovación frugal, la sociología ordinaria, la memoria común y el urbanismo en beta. Son numerosos los profesores involucrados en esas derivas y lo hacen por amor, no para engrosar su currículum.

Hablar de ciencia ciudadana nos obliga a considerar todo el espectro que va desde su consideración como entretenimiento hasta los imaginarios de una revolución epistémica. Llevamos ya muchas décadas preocupados por la falta de vocaciones científicas y por la creciente presencia entre nosotros de terraplanistas, antivacunas y negacionistas del cambio climático. No importa que las evidencias

---

11. Casas-Cortés, Osterweil y Powell, 2008; Conway, 2006.
12. Irwin, 1995; Leach, Scoones y Wynne, 2005; Rodríguez-Giralt, Marrero-Guillamón y Milstein, 2018; Vohland, *et al.*, 2021.

sean abrumadoras y de poco sirve que los medios tradicionales de comunicación confirmen todos los días su compromiso con la ciencia.

Ambos asuntos parecen estar relacionados, pues indican que la imagen de los científicos no llega con nitidez a la gente. Puede que hayan perdido algo de credibilidad y que su prestigio social haya mermado. Quizás sean percibidos como menos neutrales, humildes y creíbles que durante los años de la llamada Guerra Fría. Todos hemos cometidos muchos errores y no hay que obviar que también algunos científicos han perdido el rumbo más de una vez.

Es verdad que la ciencia, como empresa social, ha venido dando de sí misma la imagen de ser demasiado seria, recluida y solitaria. A veces, los espacios académicos resultan demasiado masculinos, formales y veteranos. No hace falta insistir en que esa no es la imagen que mejor se acomoda a los tiempos que corren. No es extraño, entonces, que los jóvenes y las mujeres no acaben de verse dentro. Sin embargo, hay que hacer algo para remediarlo. Una respuesta es llenar nuestras ciudades de *science centers*, nuestras pantallas con documentales de *National Geographic* y nuestras instituciones con Semanas de la Ciencia; hacer concursos de fotografía científica, campamentos de verano en museos y ocupar nuevos espacios con *tiktokers*, *instagramers* o *youtubers* científicos, es también parte de este esfuerzo por llevar en modo agradable contenidos científicos desde el laboratorio académico al salón de casa y desde el claustro a la calle. Son iniciativas que tratan de hacer más porosos los muros que separan dos mundos que necesitan encontrarse.

Difundir contenidos más eficientemente, mejorar las políticas de comunicación de la ciencia o atraer a jóvenes con pequeñas estancias de inmersión institucional, son gestos que expresan claramente el problema que quieren resolver los gestores de la ciencia. Han percibido con nitidez que la ciencia necesita de la ciudadanía y están apostando por mostrar un rostro más hospitalario, cercano y divertido; y, sin duda, aciertan. Los científicos quieren ser percibidos como trabajadores decentes, colaborativos y mundanos, porque la mayoría no se siente cómoda dentro de una horma heredada que los muestra como sabios, austeros y ensimismados. Ahora prefieren ser vistos como buenos vecinos.

El cambio es notable y, sin embargo, no es suficiente. Las universidades siguen estando lejos: son caras, solemnes y elitistas. Los profesores están en sus cosas: parece que no les importamos y que viven en otro mundo. Y así, conscientes del desencuentro, llega la ciencia ciudadana como una constelación de actividades capaz de abarcar muchos registros: desde agrupar prácticas lúdicas a promover cambios radicales. La ciencia ciudadana podría ser el Santo Grial que remediara ese desencuentro entre la academia y la urbe; entre los-que-saben y los-que-no-saben; entre la cultura experimental y la experiencial; entre los objetos de laboratorio y las preocupaciones mundanas; entre lo que preocupa a los científicos y lo que inquieta a los vecinos; en definitiva, entre lo que pasa y lo que nos pasa.

Nuevo Pacto Social por la Ciencia

La preocupación por la desafección de la gente hacia la ciencia no es nueva. Para inaugurar el nuevo milenio, la UNESCO decidió abrir una amplia y prolongada conversación sobre el papel de la ciencia en el mundo.[13] Los documentos preparatorios propusieron que se debatiera si la academia hacía lo suficiente para conectar con su entorno y hacerse cargo de sus problemas. La problemática fue traslada a ICSU (*International Council for Scientific Unions*), una organización multilateral nacida en 1931 y que agrupaba a numerosas

13. Declaración de Budapest, 1999.

sociedades de científicos de más de un centenar de países para promover la cooperación internacional en ciencia. El proceso fue seguido, entre otros medios, por *Nature*, que envió a un periodista para que siguiera de cerca las discusiones.[14] De allí salieron muchos asuntos de importancia —todavía pendientes— que concentraron la mayor atención:[15] la escasez de jóvenes y de mujeres en ciencia, la poca presencia de algunos continentes o el creciente elitismo de las instituciones académicas.

La ICSU siempre se mostró incómoda por el enfoque auspiciado por la UNESCO. Las organizaciones científicas se sintieron presionadas por motivaciones ideológicas y recordaron muchas veces que esas intromisiones políticas en ciencia nunca habían acabado bien. Con este fin, exigieron que se respetara la libertad de cátedra, la autonomía universitaria y reclamaron mayor confianza en las personas e instituciones de la ciencia. Para la UNESCO, en cambio, ya estaba claro que la mezcla de elitismo, corporativismo e individualismo estaban alejando a los científicos de su entorno y de los ideales de la Ilustración.

A su juicio, el viejo pacto social por la ciencia ya no era sostenible: no bastaba con que los científicos recibieran dinero a cambio de un conocimiento confiable, basado en evidencias.[16] Tampoco era suficiente con que se vieran a sí mismos como trabajadores de la prueba, como los llamó Bachelard.[17] En este sentido, la UNESCO quería un nuevo pacto social por la ciencia que dejara clara la voluntad de las instituciones científicas de tomarse en serio los siguientes problemas: paliar la creciente desigualdad entre los huma-

---

14. Gibbons, 1999; Dickson, Loder y Masood, 1999; Lubchenco, 1997; Demeritt, 2000; Ramachandran *et al.*, 2000.
15. López-Cerezo, 1999; Lafuente, 2020.
16. Ravetz, 1988.
17. Bachelard, 2004, pág. 31.

nos, la escasa cooperación internacional entre países y el alejamiento de la ciencia de su condición como bien común. En el encuentro final en Budapest se denunció la deriva capacitista que se ocultaba tras la obsesión por la excelencia, se lamentó la creciente influencia de las corporaciones industriales en ciencia y se abogó decididamente por la ciencia abierta. El nuevo pacto social por la ciencia desplazaba el centro de gravedad del acuerdo que se buscaba desde las cuestiones epistémicas a las éticas y exigía una apuesta por la convivialidad que no pusiera en riesgo la objetividad. No iba a ser fácil sacar a los académicos de la cultura del *paper*, porque los grandes cambios llevan tiempo. Pese a todo, no cabe duda del esfuerzo que muchos países han hecho por implementar políticas de ciencia abierta. Por ejemplo, se ha ampliado el acceso al conocimiento y a los datos: las prácticas del *open access* y del *open data* están masivamente aceptadas y forman parte de la conducta ordinaria. Queda, sin embargo, mucho recorrido por hacer antes de que los científicos acepten que nunca debieron alejarse de la idea de que trabajan para el bien común.

En este sentido, el conocimiento no debería ser de quien lo paga —ya sea este el Estado o una multinacional—, sino de todos y de nadie al mismo tiempo: no debería tener dueño. La ciencia, como los hijos, no puede ser imaginada como una propiedad, sino como una responsabilidad. Igual que los hijos no pertenecen a sus padres, tampoco los descubrimientos deberían tener dueño. Las aportaciones que hacemos los científicos se nutren de las lecturas, los trabajos y las metodologías intercambiadas entre colegas del todo el mundo, incluidos los muertos. Siempre se nos enseñó a los académicos que, para ver más lejos, bastaba con subir a hombros de gigantes, nuestros predecesores: eso implicaba facilitar el acceso a todo el conocimiento previo. La literatura ya publicada es el gigante a cuyos hombros deberíamos subir y, por esa razón, la ciencia se hizo abierta; así se explica que deba ser un bien común.

La ciencia puede ser pública por decreto.[18] Basta con que se legisle que todo cuanto se haga con recursos públicos debe ser accesible, gratuito y estar disponible *online*. Hacerla común, en cambio, reclama recursos más sofisticados. Si lo público se caracteriza por ser para todos, lo común es entre todos.[19] Y, precisamente, por ser entre todos, puede modificarse con la llegada de nuevos actores que incorporen distintas perspectivas y quieran participar en la construcción del objeto. Lo común, además de abierto a quienes deseen integrarse, es situado y local. Es un conocimiento arraigado a un territorio, a un cuerpo o a una circunstancia, e implica convertir la especificidad del momento, del lugar o del observador en parte de la solución. Los cuándo, los dónde y los quiénes no son separables del resultado. El conocimiento común no es universal, ni quiere o puede serlo, y esa es su virtud. Y eso, más que ser un defecto, es el fundamento de su potencia.

Queda claro que lo común no es un asunto de otra galaxia. Se produce de modo ordinario entre nosotros y nunca se da en estado puro. Siempre es híbrido, mestizo, mostrenco y bastardo,[20] y es imposible separarlo de lo público o de lo privado. Los bienes comunes no son de otro planeta, ni los construyen gentes incólumes, apolíneas o superheroicas. Se producen con lo que tenemos a mano y entre quienes disponen de tiempo, recursos o capacidades. No lo hacen para matar el tiempo o porque no tengan cosas mejores que hacer: lo hacen para sobrevivir. Sobreviven porque lograron construir ese espacio común; es decir, porque supieron solucionar problemas, reparar un artefacto o desarrollar un servicio. Como vemos, lo común nace de la necesidad.

La gente se moviliza porque siente que hay algo que reclama su atención y porque sabe que se trata de una cuestión que solo puede

18. Lafuente y Estalella, 2015.
19. Lafuente, 2007.
20. Pasquinelli, 2008.

ser abordada de forma colectiva, colaborativa y abierta; que para encontrar respuestas se necesita argumentar el problema de un modo que pueda ser atendido por quienes tienen capacidad de decisión. La gente tiene que demostrar que la urgencia detectada es compartida por otras personas y necesita ser atendida y, para lograrlo, se necesita información, datos, genealogías, resonancias, secuelas, argumentos y un relato que empaquete todos esos ingredientes y pueda circular por las redes y los medios.

Los problemas existen, los afectados aparecen, los colectivos que los representan se forman y, en fin, la necesidad de ganar capacidad de interlocución es real. Para lograrlo los afectados deben trabajar y, probablemente, enfrentarse a enemigos poderosos. Nos les bastará con dar lástima o hacer ruido: tendrán que transitar de la protesta a la propuesta. Y eso implica buscar datos y encontrar aliados que les ayuden a interpretarlos, contrastarlos, ordenarlos, mejorarlos y, desde luego, comunicarlos. Tendrán que hacer cosas que se parecen mucho a eso que llamamos ciencia ciudadana.

Además, a veces integrarán en el colectivo a científicos con voluntad de acompañarlos; otras, cruzarán puentes que los conectan con gentes que hayan vivido experiencias parecidas. Cada colectivo, cada problema, cada situación es diferente y no hay un manual que aplicar. Tendrán que improvisar y optimizar sus recursos para ser eficientes; innovar en la forma de autoorganizarse, captar apoyos y recursos, contactar con otros colectivos, moverse por las redes sociales, encontrar un lugar para reunirse o de documentar sus avances. Cada grupo desarrolla, así, su propia gobernanza y su modo particular de tomar decisiones.

Considerados en conjunto, ellos son los motores que activan, ensanchan y mejoran el espacio público.[21] Sus inquietudes, lenguajes y metáforas se unen con las preocupaciones de otras organizacio-

21. Callon, Lascoumes y Barthe, 2001.

nes. Algunos logran que se hable de sus cosas en la prensa o en la televisión y, cada vez que eso ocurre, el espacio público da cabida a un nuevo problema y a una nueva minoría que deja de sentirse abandonada, invisibilizada o excluida. Así, el espacio público se amplía, nuestro mundo se hace más hospitalario y la democracia se hace más robusta. Todos y todas salimos ganando.

El proceso, aquí descrito en muy pocas líneas, puede durar décadas. Lo normal es que todo sea lento, desgastante y desesperante. Construir argumentos basados en evidencias es duro incluso en el laboratorio, donde contamos con todos los recursos, experiencia y compañía. Fuera de la academia, en cambio, todo se hace mucho más complicado: los tiempos, los costes y los procedimientos se expanden de manera incontrolable y, en consecuencia, el sufrimiento crece.

No hay duda de que las cosas irían mejor si fuera posible una nueva alianza entre la academia y su entorno. Todo sería más fácil si a esa alianza entre científicos y activistas la llamáramos ciencia ciudadana y fuese incentivada, porque se ocuparía de crear las condiciones para que ningún problema o colectivo fuese abandonado a su suerte. Todos acabaríamos encontrando aliados con los que coproducir las preguntas y las respuestas. Los científicos no son decididores y, por tanto, no serían ellos quienes tendrían que resolver el problema, pero su colaboración sería decisiva para producir las evidencias con las que abrir el espacio público a esas demandas.

En este supuesto, la ciencia ciudadana sería un espacio de producción de bienes comunes:[22] una estrategia capaz de hacer posibles conversaciones imposibles, dar forma realista a los problemas, atender los requerimientos ciudadanos, acercar academia y ciudad, ensayar modos inauditos de coproducir el mundo, mezclar motivaciones, hibridar lenguajes y experimentar con la convivialidad.

22. Pelacho *et al.*, 2021.

Bibliografía

Abe, Y. (2014). «Safecast or the production of collective intelligence on radiation risks after 3.11», *The Asia-Pacific Journal/Japan Focus, 12*(7), págs. 1-10.

Adelman, C. (1993). «Kurt Lewin and the Origins of Action Research», *Educational Action Research*, 1, págs. 7-24.

Alaimo, S. (2010). *Bodily natures: Science, environment, and the material self*, Indiana University Press, Bloomington.

Amor-Iglesias, J. J., González-Barahona, J. M., Robles-Martínez, G. y Herráiz-Tabernero, I. (2005). «Measuring libre software using debian 3.1 (sarge) as a case study: Preliminary results», en *The European Journal for the Informatics Professional* 6 (3), págs. 13-16.

Anderson, D. P. (2019). «BOINC: a platform for volunteer computing», en *Journal of Grid Computing, 18*(1), págs. 99-122.

— (2022). «BOINC in Retrospect», en https://continuum-hypothesis.com/boinc_history.php. Accedida el 10 de junio de 2023.

Are, K. (2018). «Touching stories: Objects, writing, diffraction and the ethical hazard of self-reflexivity», en *TEXT*, 22 (*Special 51*), págs. 1-12.

Aviv, R. (2019). «The challenge of going off psychiatric drugs», en *The New Yorker*, abril, https://www.newyorker.com/magazine/2019/04/08/the-challenge-of-going-off-psychiatric-drugs

Bachelard, G. (2004/1949). *Le rationalisme appliqué*, Presses Universitaires de France, París.

— (1952). «Premier entretien public», en *L'homme devant la science*, Éditions de la Baconnière, Neuchâtel.

— (1993). *La formación del espíritu científico*, Siglo XXI, Barcelona.

Bauwens, M. y Niaros, V. (2017). *Value in the commons economy: Developments in open and contributory value accounting*, Heinrich Böll Stiftung y P2P Foundation, Berlín.

Becck, U. (1992). *Risk society: towards a new modernity*, Sage, Londres.

Benkler, Y. (2017). «Peer production, the commons, and the future of the firm», en *Strategic Organization*, 15 (2), págs. 264-274.

Bensaude-Vincent, B. (1989). «Lavoisier: une révolution scientifique», en Serres, M. y Bensaude-Vincent, B., *Eléments d'Histoire des Sciences*, Bordas, París, págs. 363-386.

— (2000). *L'Opinion publique et la science : à chacun son ignorance*, Les Empêcheurs de penser en rond, París.

— (2014). «The politics of buzzwords at the interface of technoscience, market and society: The case of public engagement in science», en *Public Understanding of Science*, 23(3), págs. 238-253.

Bensaude-Vincent B. y Dorthe, G. (2023). *Les Sciences dans la mêlée. Pour une culture de la défiance*, Seuil, París.

Berman, M. (1975). «Hegemony and the amateur tradition in British science», en *Journal of Social History*, 8(2), págs. 30-50.

Blumenberg, H. (2000). *La risa de la muchacha tracia. Una protohistoria de la teoría*, Pre-Textos, Valencia.

Bollier, D. (2016). *Re-imagining value: Insights from the care economy, commons, cyberspace and nature*, Heinrich Böll Stiftung, Berlín.

Braun, B. (2007). «Biopolitics and the molecularization of life», en *Cultural geographies*, 14(1), págs. 6-28.

Broks, P. (2006). *Understanding popular science*, Open University Press.

Brown, A., Franken, P., Bonner, S., Dolezal, N. y Moross, J. (2016). «Safecast: successful citizen-science for radiation measurement and communication after Fukushima», en *Journal of Radiological Protection, 36*(2), págs. S82-S81.

Brown, M. B. (2009). *Science in Democracy: Expertise, Institutions, and Representation*, MIT Press, Cambridge, MA.

— (2014). «Politicizing science: Conceptions of politics in science and technology studies», en *Social Studies of Science, 45*(1), págs. 3-30.

Brown, P., Zavestoski, S., Cordner, A., McCormick, S., Mandelbaum, J., Luebke, T. y Meadow, L. (2011). «A narrowing gulf of difference? Disputes and discoveries. In the study of gulf war-related illnesses», en Brown, P., Morello-Frosch, R., Zavetowski, S. (eds.), *Contested Illnesses: Citizens, Science, and Health Social Movements,* University of California Press, Berkeley, págs. 79-107.

Brunel, M. (2014). «Sans la science, la vie est presque une image de la mort : la place du discours scientifique dans l'esthétique verbale de Molière», en *Littératures classiques 85*(3), págs. 155-170.

Bucchi, M. (2012). *Science and the media: Alternative routes to scientific communications*, Routledge.

Bucchi, M. y Trench B. (2014). «Science communication research: Themes and challenges», en Bucchi, M. y Trench, B. (eds.), *Routledge Handbook of Public Communication of Science and Technology, 2nd ed.*, Routledge, Abbingdon, Oxon, págs. 1-14.

Callon, M., Lascoumes, P. y Barthe, Y. (2001). *Agir dans un monde incertain. Essai sur la démocratie technique*, Seuil, París.

Callon, M. y Muniesa, F. (2005). «Economic Markets as Calculative Collective Device», en *Organization Studies, 26*(8), págs. 1229-1250.

Callon, M., Rabeharisoa, V. (2003). «Research 'in the Wild' and the Shaping of New Social Identities, Technology in Society», en *Studies in Science, Technology, and Society (STS) North and South* 25 (2), págs. 193-204.

— (2008). «The Growing Engagement of Emergent Concerned Groups in Political and Economic Life. Lessons from the French Association of Neuromuscular Disease Patients», en *Science, Technology & Human Values* 33 (2), págs. 230-61.

Campbell, S. W. (2014). «Improving Wikipedia: Notes from an Informed Skeptic», en *Perspectives on History*, American Historical Association.

Casas-Cortés, M. I., Osterweil, M. y Powell, D. E. (2008). «Blurring boundaries: Recognizing knowledge-practices in the study of social movements», *en Anthropological quarterly, 81*(1), págs. 17-58.

Chateauraynaud, F. y Debaz, J. (2010). «Le partage de l'hypersensible : le surgissement des électrohypersensibles dans l'espace public», en *Sciences sociales et santé, 28* (3), págs. 5-33.

Çıdam, Ç. (2013). «A politics of love? Antonio Negri on revolution and democracy», en *Contemporary Political Theory, 12*(1), págs. 26-45.

Cidell, J. (2008). «Challenging the contours: critical cartography, local knowledge, and the public», en *Environment and Planning A 40*, págs. 1202-18.

Clark, A. (1997). *Being There: Putting Brain, Body and World Together Again*, MIT Press, Cambridge, MA.

Clarke, J. y Murdoch, J. (1997). «Local Knowledge and the Precarious Extension of Scientific Networks: A Reflection of Three Case Studies», en *Sociologia Ruralis 37*(1), págs. 38-60.

Colten, C. E. y Skinner, P. N. (1996). *The Road to Love Canal: Managing Industrial Waste before EPA*, University of Texas Press, Austin, Texas.

Conrad, P. y Barker, K. K. (2010). «The Social Construction of Illness: Key Insights and Policy Implications», en *Journal of Health and Social Behavior, 51*, S67-S79.

Conway, J. (2006). *Praxis and Politics: Knowledge Production in Social Movements*, Routledge, Nueva York.

Corburn, J. (2005). *Street Science. Community Knowledge and Environmental Health Justice*, MIT Press, Cambridge, MA, pág. 45 y ss.

Correa, J. C., Laverde-Rojas, H., Tejada, J. *et al.* (2022). «The Sci-Hub effect on papers' citations», en *Scientometrics* 127, págs. 99-126.

Costa, B. (2008). «Reaching the Limit: When Art Becomes Science», en Costa, B. y Philip, K. (eds.), *Tactical Biopolitics: Art, Activism and Technoscience,* MIT Press, Cambridge, MA, pág. 372.

Cronon, W. (2012). «Scholarly Authority in a Wikified World», en *Perspectives on History*, American Historical Association, Washington.

Crouch, D. y Matless, D. (1996). «Refiguring geography: Parish maps of common ground», en *Transactions of the Institute of British Geographers*, 21, págs. 236-255.

Dabbish, L., Stuart, C., Tsay, J. y Herbsleb, J. (2012). «Social coding in github: Transparency and collaborationin an open software repository», en *Proc. ACM Conf. Comput. Supported Cooperative Work*, ACM, Seattle, págs. 1277-1286.

David, P. A. (2008). «The Historical Origins of "Open Science": An Essay on Patronage, Reputation and Common Agency Contracting in the Scientific Revolution», en *Capitalism and Society*, 3(2), http://www.bepress.com/cas/vol3/iss2/art5

Declaración de Budapest (1999). «Declaración sobre la Ciencia y el uso del saber científico. Hungría: Conferencia Mundial sobre la Ciencia para el Siglo XXI: Un nuevo compromiso», recuperado en octubre de 2025, https://unesdoc.unesco.org/ark:/48223/pf0000116994_spa

Delborne, J. A. (2005). *Pathways of scientific dissent in agriculture biotechnology*, tesis doctoral inédita, en *Environmental Science, Policy and Management*, University of California Press, Berkeley.

— (2010). «Constructing Audiences in Scientific Controversy», en *Social Epistemology*, 25(1), págs. 67-95.

Deleuze, G. y Guattari, F. (1993). *¿Qué es la filosofía?*, Anagrama, Barcelona.

Delfanti, A. (2013). *Biohackers: The Politics of Open Science*, Pluto Press, Londres.

Demeritt, D. (2000). «The New Social Contract for Science: Accountability, Relevance and Value in US and UK Science and Research Policy», en *Antipode*, 32, págs. 308-329.

Despret, V. (2002). *Quand le loup habitera avec l'agneau*, Les Empêcheurs du penser en ronde, París.

Devine-Wright, P., Smith, J., y Batel, S. (2019). «"Positive parochialism", local belonging and ecological concerns: Revisiting Common Ground's Parish Maps project», en *Transactions of the Institute of British Geographers*, 44(2), págs. 407-421.

Dickson, D., Loder, N. y Masood, E. (1999). «Guidelines agreed for new social contract», en *Nature* 400, pág. 100.

Dillet B. (2017). «Proletariatization, deproletariatization, and the rise of the amateur», en *Boundary* 2, 44 (1), págs. 79-105.

Dimitriadis, G. (2006). «On the Production of Expert Knowledge: Revisiting Edward Said's work on the intellectual», *en Discourse: Studies in the Cultural Politics of Education*, 27(3), 369-382.

Dinerstein, A.C. (2015). *The Politics of Autonomy in Latin America. The Art of Organizing Hope*, Palgrave, Londres.

Doherty, B., Hayes, G. y Saunders, C. (2025). «Extinction rebellion», en Snow, D.A., MacAdam, D., Moss, D.M. (eds.), *Con-*

temporary Social Movements: Historical and Descriptive Accounts, Willey-Blackwell, págs. 93-98.

Douglas, H. (2007). «Inserting the public into science», en Maasen, S. y Weingart, P., *Democratization of Expertise? Exploring Novel Forms of Scientific Advice in Political Decision-Making*, Springer, Nueva York, págs. 153-169.

Duncan, T.S., Riggare, S., Koch, S., Sharp, L. y Hägglund, M. (2019). «From information seekers to innovators: qualitative analysis describing experiences of the second generation of e-patients», en *Journal of Medical Internet Research*, 21(8), e13022.

Epstein, S. (1995). «The Construction of Lay Expertise: AIDS, Activism and the Forging of Credibility in The Reform of Clinical Trials», en *Science, Technology and Human Values*, 20(4), págs. 408-437.

— (2008). «Patient Groups and Health Movements», en Hackett, E.J., Amsterdamska, O., Lynch, M. y Wajcman, J. (eds.), *The handbook of science and technology studies*, págs. 499-541.

Evan, M.W., Manion, M. (2002). *Minding the Machines. Preventing Technological Disasters*, Prentice Hall, Nueva York.

Fraser, N., Brierley, L., Dey, G., Polka, J. K., Pálfy, M., Nanni, F., Alexis Coates, J. (2021). «Preprinting the COVID-19 pandemic», en *bioRxiv* 2020.05.22.111294; doi: https://doi.org/10.1101/2020.05.22.111294

Frickel, S., Gibbon, S., Howard, J., Kempner, J., Ottinger, G. y Hess, D. J. (2009). «Undone Science: Charting Social Movement and Civil Society Challenges to Research Agenda Setting», en *Science, Technology, & Human Values*, 35(4), págs. 444-473.

Frost, J. y Massagli, M. (2009). «PatientsLikeMe the case for a data-centered patient community and how ALS patients use the community to inform treatment decisions and manage pulmonary health», en *Chronic respiratory disease*, 6(4), págs. 225-229.

Funtowicz, S.O. y Ravetz, J.R. (1993). «Science for the post-normal age», en *Futures* 25, págs. 739-755.

Garrison, J. (1997). *Dewey and Eros: Wisdom and desire in the art of teaching*, Teachers College Press, Nueva York.

Gibbons, M. (1999). «Science's new social contract with society», en *Nature* 402, C81-C84.

Gibbs, L. (2012). *Love canal and the birth of the environmental health movement*, Island Press, Washington.

Gieryn, T. F. (1999). *Cultural Boundaries of Science: Credibility on the Line*, University of Chicago Press, Chicago.

Gilbert, J. (2014). *Common ground. Democracy and Collectivity in an Age of Individualism*, Pluto Press, Londres.

Giles, J. (2005). «Internet encyclopaedias go head to head», en *Nature* 438, págs. 900-901.

Ginsburg, F. (2020). «Disability in the digital age», en Horst, H.A. y Miller, D. (eds.), *Digital anthropology*, Berg, Londres, págs. 101-126.

Granovetter, M. S. (1973). «The Strength of Weak Ties», en *American Journal of Sociology*, 78 (6), págs. 1360-1380.

Gray, J. M. (1999). «Postmodern medicine», en *Lancet*, 354 (9189), págs. 1550-1553.

Grimaldi, R., M. Kenney, D., Siegel, S. y Wright, M. (2011). «30 Years after Bayh-Dole: Reassessing Academic Entrepreneurship», en *Research Policy 40* (8), 104557.

Hadden, S. G. (2021). *A citizen's right to know: Risk communication and public policy*, Routledge.

Hall, R. (2021). *The hopeless university: Intellectual work at the end of the end of history*, May Fly, Londres.

Haraway, D. (1997). *Modest_Witness@Second_Millennium. Female Man©_Meets_OncoMouseTM: Feminism and Technoscience*, Routledge, Nueva York.

— (1992). «The promises of monsters: A regenerative politics for inappropriate/d others'», en Grossberg, L., Nelson, C. y Treichler, P. A. (eds.), *Cultural Studies*, Routledge, Nueva York, págs. 295-337.

Harvey, D. (2011). «The future of the commons», en *Radical history review*, 109, págs. 101-107.

— (2013). *Ciudades rebeldes. Del derecho a la ciudad a la revolución urbana*, Akal, Madrid.

Harvey, P., Lien, M. E. y Nyquist, J. R. (2024). «Introduction: Bioethical Regimes and Commoning Practices», en *Social Analysis*, 68(2), págs. 1-20.

Hass, B. y Kleine, M. (2003). «The rhetoric of junk science», en *Technical Communication Quarterly*, 12(3), págs. 267-284.

Hayden, C. (2003). *When Nature Goes Public: The Making and Unmaking of Bioprospecting in Mexico*, Princeton University Press, Princeton, NJ.

Hess, D. J. (2007). *Alternative Pathways in Science and Technology: Activism, Innovation, and the Environment in an Era of Globalization*, MIT Press, Cambridge, MA.

— (2016). *Undone Science: Social Movements, Mobilized Publics, and Industrial Transitions*, MIT Press, Londres.

Himanen, P. (2002). *La ética hacker y el espíritu de la era de la información*, Destino, Barcelona.

Himmelstein, D. S., Romero, A. R., Levernier, J. G., Munro, T. A., McLaughlin, S. R., Greshake Tzovaras, B. y Greene, C. S. (2018). «Sci-Hub provides access to nearly all scholarly literature», en *ELife*, 7, e32822.

Hoch, D. y Ferguson, T. (2005). «What I've Learned from E-Patients», en *PLoS Med*, 2 (8), e206.

Holohan, A. (2013). *Community, Competition and Citizen Science: Voluntary Distributed Computing in a Globalized World*, Ashgate Publishing, Londres.

Howkins, J. (2001). *The creative economy: how people make money from ideas*, Penguin Books, Londres.

Hultquist, C. y Cervone, G. (2018). «Citizen monitoring during hazards: Validation of Fukushima radiation measurements», en *GeoJournal, 83*(2), págs. 189-206.

Illouz, E. (2009). *Saving the Modern Soul: Therapy, Emotions, and the Culture of Self-Help*, University of California Press, Berkeley, CA.

Irwin, A. (1995). *Citizen Science: A Study of People, Expertise and Sustainable Development*, Routledge, Londres.

Iversen, A., Chalder, T. y Wessely, S. (2007). «Gulf War Illness: lessons from medically unexplained symptoms», en *Clinical psychology review, 27*(7), págs. 842-854.

Jameson, F. (1999). «Las antinomias de la posmodernidad», en *El giro cultural*, Manantial, Buenos Aires, págs. 77-104

Jasanoff, S. (1988). «The Bhopal disaster and the right to know», en *Social Science & Medicine, 27*(10), págs. 1113-1123.

Jeppesen, L. B. y Lakhani, K. (2010). «Marginality and problem-solving effectiveness in broadcast search», en *Organization Science, 21* (5), págs. 1016-1033.

Johannessen, H. y Lazar, I. (2006). *Multiple Medical Realities: Patients and Healers in Biomedical, Alternative and Traditional Medicine*, Berghahn Books, Nueva York.

Kelley, L. (2016). *Bioart kitchen: art, feminism and technoscience*, Bloomsbury Publishing.

Kelty, C. M. (2010). «Outlaw, hackers, Victorian amateurs: diagnosing public participation in the life sciences today», en *Journal of Science Communication 9*(1), págs. 1-8.

Kennedy, G. (2012). *An ontology of trash: The disposable and its problematic nature*, State University of New York Press, Nueva York.

Kiernan, C. (1999). «Participation in research by people with learning disability: Origins and issues», en *British Journal of Learning Disabilities, 27*, págs. 43-47.

King, S. (2006). *Pink Ribbons, Inc: Breast cancer and the politics of philanthropy*, University of Minnesota Press, Minneapolis.

Klawiter, M. (2008). *The Biopolitics of Breast Cancer: Changing Cultures of Disease and Activism*, University of Minnesota Press, Minneapolis.

Koontz, A., Duvall, J., Johnson, R., Reissman, T. y Smith, E. (2022). «Nothing about us without us» engaging at users in at research», en *Assistive Technology*, 34(5), págs. 499-500.

Lafuente, A. (2000). «Enlightenment in an Imperial Context: Local Science in the Late-Eighteenth-Century Hispanic World», en MacLeod, R. (ed.), *Nature and Empire: Science and the Colonial Enterprise*, en *Osiris*, 15, págs. 155-173.

— (2012). «Modernización epistémica y sociedad expandida», en Diaz, R. (ed.), *Educación expandida*, Zemos98, Sevilla, págs. 131-150.

— (2020). «Covid 19: la necesidad de un nuevo pacto social por la ciencia», en *The Conversation*, 27 de diciembre, https://the conversation.com/covid-19-la-necesidad-de-un-nuevo-pacto-social-por-la-ciencia-152391

— (2024). *Peras con manzanas. Cómo prototipar sin tener ni idea*, Experimenta, Madrid.

Lafuente, A. y Estalella, A. (2015). «Ways of Science: Public, Open, and Commons», en Sarita Albagli, S., Maciel, M. L., Hannud Abdo, A. (eds.), *Open Science, Open Issues*, IBICT, Brasília y Río de Janeiro, Unirio.

Lafuente, A. y Rodríguez-López J. (2025). «La lengua (vernácula) en ciencia», en Soriguer, F. J. C. y Diéguez, A. (eds.), *Uso y cuidado de la lengua española en ciencia*, Comares, Granada, págs. 115-128.

Lafuente, A. y Saraiva, T. (1998). *Imágenes de la ciencia en la España contemporánea*, Fundación Arte y Tecnología, Madrid.

Lafuente, A. y Valverde-Pérez, N. (2003). *Los mundos de la ciencia en la Ilustración española*, FECYT, Madrid.

Lakhani, K. R., Jeppesen, L. B., Lohse, P. A. y Panetta, J. A. (2007). «The value of openness in scientific problem solving», en *Harvard Business School Working Paper*, 7, pág. 50.

Latour, B. (1993). *Nunca hemos sido modernos: ensayo de antropología simétrica*, Debate, Madrid.

— (2004). «Whose Cosmos, Which Cosmopolitics? Comments on the Peace Terms of Ulrich Beck», en *Common Knowledge* 10 (3), págs. 450-62.

Lázár, I. (2015). *Attached file: Anthropological essays on body, psyche, attachment and spirituality*, Cambridge Scholars Publisher.

Lazzarato, M. (2002). «From biopower to biopolitics», en *Pli: The Warwick Journal of Philosophy, 13*(8), págs. 1-6.

Leach, M., Scoones, I. y Wynne, B. (eds.) (2005). *Science and Citizens: Globalization and the Challenge of Engagement*, Zed Books, Londres.

Lemke, T. (2011). *Biopolitics: An advanced introduction*, New York University Press, Nueva York.

Lerner, B. H. (2006). *When illness goes public: Celebrity patients and how we look at medicine*, The Johns Hopkins University Press, Baltimore.

— (2009). *Complicated lessons: Lorenzo Odone and medical miracles*, en *The Lancet*, 373(9667), págs. 888-889.

Levy, E. K. (2012). «Bioart and nanoart in a museum context: terms of engagement», en Marstine, J. (ed.), *The Routledge Companion to Museum Ethics. Redefining Ethics for the Twenty-First-Century Museum*, Routledge, págs. 445-463.

Lind, G., R. y Lind, J. (2004). *Black on white. Voices and witnesses about electro-hypersensitivity. The Swedish experience*, https://einarfly dal.com/sdm_downloads/granlund-lind-r-lind-j-black-on-whi te-voices-and-witnesses-about-electrohypersensitivity-2005/.

Lubchenco, J. (1997). «Entering the Century of the Environment: A New Social Contract for Science», en *Science 279*, págs. 491-497.

Lucassen, T., Dijkstra, R. y Schraagen, J. M. (2012). «Readability of Wikipedia», en *First monday, 17*(9).

Lyotard, J.-F. (2009). *Enthusiasm: the Kantian critique of history*, Stanford University Press, Stanford, CA.

Mabey, R. (1980). *The Common Ground*, Arrow Books, Londres.

Manning, E. (2008). «Creative propositions for thought in motion», en *Inflections-How is Research Creation, 1*(1), págs. 1-24.

Mascarenhas, M. (2012). *Where the Waters Divide: Neoliberalism, White Privilege, and Environmental Racism in Canada*, Lexington Books.

Mazur, A. (1984). «The journalist and technology: Reporting about Love Canal and Three Mile Island», en *Minerva, 22*, págs. 45-66.

McCarthy, J. y Prudham, S. (2004). «Neoliberal Nature and the Nature of Neoliberalism», en *Geoforum; Journal of Physical, Human, and Regional Geosciences 35* (3), págs. 275-283.

McCormick, S., Brown, P. y Zavestoski, S. (2003). «The Personal Is Scientific, the Scientific Is Political: The Public Paradigm of the Environmental Breast Cancer Movement», en *Sociological Forum 18* (4), págs. 545-76.

Mercer, D. (2002). «Scientific Method Discourses in the Construction of EMF Science», en *Social Studies of Science 32*, págs. 205-233.

— (2009). «Defining Health, Policy and Science: Legitimating Vertically Integrated Expertise in the WHO EMF Project», en Bamme, A., Getzinger, G. y Weiser, B. (eds.), *2008 Yearbook of the Institute of Advanced Studies in Science Technology and Society*, Technik und Wissenschaftsforschung, Viena, págs. 259-276.

— (2016). «The WHO EMF Project: Legitimating the Imaginary of Global Harmonization of EMF Safety Standards», en *Engaging Science, Technology, and Society 2*, págs. 88-105.

Merrifield, R. (2021). «How pandemic-driven preprints are driving open scrutiny of research», en *The EU Research & Innovation Magazine*, https://projects.research-and-innovation.ec.europa.eu/en/horizon-magazine/how-pandemic-driven-preprints-are-driving-open-scrutiny-research

Meyer, M. (2008). «On the boundaries and partial connections between amateurs and professionals», en *Museum and Society* 6(1), págs. 38-53.

Miller, A. B., Sears, M. E., Morgan, L. L., Davis, D. L., Hardell, L., Oremus, M. y Soskolne, C. L. (2019), «Risks to health and well-being from radio-frequency radiation emitted by cell phones and other wireless devices», en *Frontiers in public health*, 7, pág. 223.

Mirowski, P. (2010). *ScienceMartTM,* Harvard University Press, Cambridge, MA.

Mitchell, R. E. (2015). *Bioart and the Vitality of Media*, University of Washington Press.

Mukerji, Ch. (2009). *Impossible Engineering: Technology and Territoriality on the Canal du Midi*, Princeton University Press, Princeton, NJ.

Murray, S. (2008). «On autistic presence», en *Journal of Literary & Cultural Disability Studies*, 2(1), págs. 1-10.

Newman, M. Z. (2009). «Indie Culture: In Pursuit of the Authentic Autonomous Alternative», en *Cinema Journal* 48(3), págs. 16-34.

Nielsen, M. (2011). *Reinventing discovery: the new era of networked science*, Princeton University Press, Princeton, NJ.

Nieto-Galan, A. (2016). *Science in the Public Sphere: A History of Lay Knowledge and Expertise*, Routledge, Abingdon, Oxon.

Noveck, B. S. (2006). «Peer to patent: Collective intelligence and intellectual property reform», en *Harvard Journal of Law and Technology, 20* (1), págs. 123-162.

Nowotny, H. (2003). «Democratising expertise and socially robust knowledge», en *Science and Public Policy, 30*, págs. 151-6.

Nowotny, H., Scott, P. y Gibbons, M. (2001). *Re-Thinking Science: Knowledge and the public in an age of uncertainty*, Polity Press, Cambridge.

Nye, D. E. (1996). *American Technological Sublime*, MIT Press, Cambridge, MA.

Pasquinelli, M. (2008). *Animal spirits: A bestiary of the commons*, NAI Publishers, Rotterdam.

Paul, Robert (1984). «German Academic Science and the Mandarin Ethos», en *British Journal for the History of Science, 17*, págs. 1-29.

Pelacho M. *et al.* (2021). «Science as a Commons: Improving the Governance of Knowledge Through Citizen Science» en Vohland, K. *et al.* (eds.), *The Science of Citizen Science, Springer*, págs. 57-78.

Pelacho, M., Ruiz, G., Sanz, F., Tarancón, A. y Clemente-Gallardo, J. (2021). «Analysis of the evolution and collaboration networks of citizen science scientific publications», en *Scientometrics, 126* (1), págs. 225-257.

Polich, G. R. (2012). «Rare disease patient groups as clinical researchers», en *Drug discovery today*, 17(3-4), págs. 167-172.

Pols, J. (2013). «Knowing Patients: Turning Patient Knowledge into Science», en *Science, Technology, & Human Values, 39*(1), págs. 73-97.

Racimo, F. (2025). *Science in Resistance: The Scientist Rebellion for Climate Justice*, University of California Press.

Raichvarg, D. y Jacques, J. (1991). *Savants et ignorants : Une histoire de la vulgarisation de la science*, Seuil, París.

Ramachandran, R., Vasavi, A. R., Sinha, A. y Narasimha, R. (2000). «"Science in Society: A New Social Contract"—A Report on the Bangalore Symposium», en *Science, Technology and Society*, 5(1), págs. 93-116.

Rancière, J. (2010). *La noche de los proletarios*, Tinta Limón, Buenos Aires.

Raymond, E. (1999). «The cathedral and the bazaar», en *Knowledge, Technology & Policy, 12*(3), págs. 23-49.

— (2001). *The cathedral and the bazaar. Musings on Linux and Open Source by an accidental revolutionary*, O' Reilly, Sebastopol, California.

Ren, F., Zhang, Y. y Liu, G. (2021). *Introduction to the science popularization industry*, Springer Nature, Singapur.

Roberts, L., Rockman, S. y Hui, A. (2023). «Historiographies of science and labor: From past perspectives to future possibilities», en *History of Science, 61*(4), págs. 448-474.

Robertson, C. (2025). «Extinction Rebellion: A Case Study of Nonviolent Climate Activism», en *Peace & Change, 50*(1), págs. 46-58.

Rodríguez-Giralt, I., Marrero-Guillamón, I. y Milstein, D. (2018). «Reassembling activism, activating assemblages: an introduction», en *Social Movement Studies, 17*(3), págs. 257-268.

Rosenzweig, R. (2006). «Can History Be Open Source? *Wikipedia* and the Future of the Past», en *Journal of American History, 93*(1), págs. 117-146.

Ruggie, M. (2004). *Marginal to Mainstream: Alternative Medicine in America*, Cambridge University Press, Cambridge.

Sampat, B. (2005), «Determinants of Patent Quality: An Empirical Analysis», Universidad de Columbia, Nueva York, http://immagic.com/eLibrary/ARCHIVES/GENERAL/COLUMBIA/C050902S.pdf

— (2006). «Patenting and US academic research in the 20th century: The world before and after Bayh-Dole», en *Research Policy, 35*(6), págs. 772-789.

Saraiva, T. (2005). *Ciencia y Ciudad: Madrid y Lisboa (1851-1900)*, Ayuntamiento de Madrid, Madrid.

Savarese, R. J. (2013). «From neurodiversity to neurocosmopolitanism: Beyond mere acceptance and inclusion», en Herrera, C. D. y Perry, A. (eds.), *Ethics and neurodiversity*, Cambridge Scholars Publishing, Cambridge, págs. 191-205.

Schaffer, S. (2007). «The Charter'd Thames: Naval architecture and experimental spaces in Georgian Britain», en Roberts, L., Schaffer, S. y Dear, P. (eds.), *Mindful hand: Inquiry and invention from the late Renaissance to early industrialization*, Koninklijke Nederlandse Akademie van Wetenschappen, Ámsterdam, págs. 279-305.

Scotch, R. K. (2009). «Nothing About Us Without Us: Disability Rights in America», en *OAH Magazine of History*, 23(3), págs. 17-22.

Scott, J. W. (1966). *Only Paradoxes to Offer: French Feminists and the Rights of Man*, Harvard University Press, Cambridge, MA.

Serres, M. (1992). *Eclaircissements: Entretiens avec Bruno Latour*, Francois Bourin, París.

Shapin, S. y Schaffer, S. (1985). *Leviathan and the Air-Pump: Hobbes, Boyle, and the Experimental Life*, Princeton University Press, Princeton.

Shaw, G. B. (1911). *The Doctor's Dilemma,* Penguin, Nueva York, https://revistaliterariakatharsis.org/Bernard_dcdlm.pdf

Sismondo, S. (2008). «Science and technology studies and an engaged program», en Hackett E. J., Amsterdamska O., Lynch M., Wajcman, J. (eds.), *The Handbook of Science and Technology Studies,* 3.ª ed., MIT Press, Cambridge, MA, págs. 13-32.

Slaughter, S. y Rhoades, G. (2004). *Academic Capitalism and the New Economy. Markets, State and Higher Education*, The Johns Hopkins University Press, Baltimore y Londres.

Smith, J. (2016). «Insurgence, imagination and intangible heritage», en Stefano, M. L. y Davis, P. (eds.), *The Routledge Companion to Intangible Cultural Heritage*, Routledge, Londres, págs. 300-313.

Smith, P. H. (2006). *The Body of the Artisan: Art and Experience in the Scientific Revolution*, University of Chicago Press, Chicago.

Soderberg, J. (2007). *Hacking Capitalism: The Free and Open Source Software Movement*, Routledge, Londres.

Stack, E. y McDonald, K. E. (2014). «Nothing about us without us: Does action research in developmental disabilities research measure up?», en *Journal of Policy and practice in Intellectual Disabilities, 11*(2), págs. 83-91.

Stengers, I. (2006). *La Vierge et le neutrino. Les scientifiques dans la tourmente*, Les empêcheurs de penser en rond, París.

— (2011). *Another science is possible! A plea for slow science*, Université Libre de Brussels, Bruselas. [Trad. cast.: *Otra ciencia es posible. Manifiesto por una desaceleración de las ciencias*, NED Ediciones, Barcelona, 2019].

— (2022). *Reactivar el sentido común. Whitehead en tiempos de debacle y negacionismo*, NED Ediciones, Barcelona.

Stiegler, B. (2010). «Amateur», en *Ars Industrialis*, Association internationale pour une politique industrielle des technologies de l'esprit, http://www.arsindustrialis.org/amateur-english-version.

Strasser, B.J., Baudry, J., Mahr, D., Sanchez, G. y Tancoigne, E. (2019). «Citizen science? Rethinking science and public participation», en *Sci. Technol. Stud., 32*, págs. 52-76.

Strasser B. J., Tancoigne E., Baudry J., Piguet S., Spiers H., Luis-Fernandez Marquez, J., *et al.* (2023). «Quantifying online citizen science: Dynamics and demographics of public participation in science», en *PLoS ONE, 18*(11), e029328.

Thompson, P. y Zizek, S. (eds.) (2014). *The Privatization of Hope: Ernst Bloch and the Future of Utopia, SIC 8* (Vol. 8), Duke University Press.

Travis, J. (2008). «Science by the masses», en *Science, 319*, págs. 1750-1752.

Turner, F. (2006). *From Counterculture to Cyberculture: Stewart Brand, the Whole Earth Network, and the Rise of Digital Utopianism*, University of Chicago Press, Chicago.

Turner, J. (1996). *The abstract wild*, University of Arizona Press.

Vettel, E. (2008). *Biotech: The Countercultural Origins of an Industry, Philadelphia*, University of Pennsylvania Press.

Vohland, K., Land-Zandstra, A., Ceccaroni, L., Lemmens, R., Pereló, J. et al., (eds.) (2021). *The Science of Citizen Science*, Springer Nature, Suiza

Wark, M. (2005). *Un manifiesto hacker*, Alpha Decay, Barcelona.

Watson, L. (2021). *The right to know: Epistemic rights and why we need them*, Routledge.

Wessely, S. y Freedman, L. (2006). «Reflections on Gulf war illness», en *Philosophical Transactions of the Royal Society B: Biological Sciences, 361*, págs. 721-730.

Whitson J. R., Simon, B., Parker, F. (2021). «The Missing Producer: Rethinking Indie Cultural Production in Terms of Entrepreneurship, Relational Labour, and Sustainability», *en European Journal of Cultural Studies, 24*, págs. 606-27.

Wilding, F. (2021). «Art is not bioterrorism: The criminalization of critical cultural and intellectual production», en *Curating Art*, Routledge, págs. 291-296.

Wilke, S. (2015). *German culture and the modern environmental imagination: Narrating and Depicting Nature*, Brill, Leiden.

Wilkinson, E. (2014). «Love in the Multitude? A Feminist Critique of Love as a Political Concept» en Jónasdóttir, A. G. y Ferguson, A. (eds.), *Love: A Question for Feminism in the Twenty-First Century*, Routledge, Londres.

Winner, L. (1979). «The political philosophy of alternative technology: historical roots and present prospects», en *Technology and Society, 1*, págs. 75-8.

Wolman, D. (2008). «The truth about autism: scientists reconsider what they think they know», en *Wired magazine, 16*(3), págs. 16-03.

York, M. (2021). «Imagining New Worlds: Revolutionary Love and Radical Social Transformation in the Twenty-First Century», en *Radical Philosophy Review, 24* (1), págs. 44-74.

Zambrano, M. (2004). «La razón en la sombra», en Moreno, J. S. (ed.), *Antología crítica*, Siruela, Madrid.

Zavestoski, S., Brown, P., McCormick, S., Mayer, B., D'Ottavi, M. y Lucove, J. C. (2004). «Patient activism and the struggle for diagnosis: Gulf War illnesses and other medically unexplained physical symptoms in the US», en *Social science & medicine, 58*(1), págs. 161-175.